KB185356

가짜 건강의 유혹

가짜 건강의 유혹

TEMPTATION OF FAKE HEALTH

건강에 대한 정의가 먼저다

빅데이터닥터 지음

행성B

프롤로그

A는 늘 운동을 하고 체력도 좋죠. 그런데 건강검진에서 위암 초기 소견이 발견됐습니다.

B는 운동을 하지 않아서 체력이 나쁘죠. 늘 피곤해합니다. 그런데 검진에서 암이 발견된 적은 없습니다.

누가 더 건강할까요? A일까요? B일까요?

만일 둘 다 검진을 하지 않아 A의 위암 초기 소견을 모르는 상태라면, 주변 사람들 모두 A가 B보다 건강하다고 말하겠죠. 그러나 암이 발견된 순간 상황은 바로 역전될 겁니다. 사람들은 B가 더 건강하다고 말할 거예요. 그런데 사실 A와 B의 건강 상태가 바뀐 것은 아무것도 없습니다. 단지 검진을 통해 현재 상태에 대한 정보가 더 생겼을 뿐이죠. 바뀐 것은 그로 인해 A와 B를 바라보는 사람들의 관점일 뿐입니다.

또 다른 사례를 보시죠.

C는 정상 체중입니다. 규칙적으로 운동하고 소식을 하죠. 그런데 검사만 하면 혈압과 콜레스테롤 수치가 높게 측정됩니다.

D는 비만입니다. 고혈압과 고콜레스테롤혈증을 이미 진단받았죠. 그래서 약을 복용중입니다. 덕분에 검사를 하면 다행히 정상 범위 안에서 조절이 잘 되고 있습니다.

정상 체중이면 건강한가요? 규칙적으로 운동하고 소식하면 건강한가요? 비만하면 건강하지 못한가요? 일반적인 관념으로는 그렇습니다. 그렇다면 위 상황에서는 누가 더 건강한 걸까요? C일까요? D일까요? 겉모습과 생활습관으로만 판단한다면 C가 D보다 건강한 사람입니다. 그러나 혈압과 콜레스테롤 상태로 판단한다면 D가 C보다 건강한 사람입니다. D는 높은 혈압과 콜레스테롤 상태를 약으로 조절하고 있지만, C는 방치하고 있으니까요. 마찬가지로 C와 D의 건강 상태가 바뀐 것은 아무것도 없습니다. 단지 보는 관점에 따라 평가가 달라질 뿐입니다.

위의 두 사례를 보고 여러분은 무엇을 느끼셨나요? '건강'이란

게 상당히 모호한 개념 같지 않나요? 주변 사람들에게 질문해 보세요. 건강이 도대체 무엇이냐고 말이죠. 아마도 열이면 열 모두 다르게 대답할 가능성이 큽니다. 왜냐하면 우리는 일반적으로 건강을 얘기할 때 구체적으로, 과학적으로 정의하지 않고 주관적으로 말하는 경향이 있기 때문입니다.

"활력이 있어야 건강한 거야."

"건강해지려면 자연을 거스르지 않아야 해."

"건강은 몸과 마음이 조화를 이루는 거야."

건강을 객관적으로 정의하지 않으면, 건강은 구체적인 상태가 아니라 매우 추상적인 개념에 머물고 맙니다. 하지만 건강은 상황에 따라 달라지거나 주관적으로 판단해도 되는 개념이 아니라는 걸 여러분은 직감적으로 아실 겁니다. 건강은 결국 생명과 직결되는 문제이니까요. 다시 말해 A, B, C, D 사례처럼 관점에 따라 평가가 달라져서는 안 된다는 것이죠.

지난 몇 년간 의학 유튜브 콘텐츠 제작을 해오면서 과학적 사실을 증명하는 의학 논문 1,000편 이상을 읽었습니다. 그 과정에서 몸에 밴 습관이 하나 있습니다. 저도 모르게 어떠한 개념과 만

나든 자꾸 그 개념을 구체적으로 정의하려고 하더군요. 왜냐하면 과학적 사실을 밝혀내기 위해 가장 먼저 하는 일이 밝혀내고자 하는 상상 속의 개념을 현실에 존재하는 구체적인 개념으로 정의하는 일이기 때문입니다. 그렇게 수많은 개념들을 정의하다가 깨닫게 된 사실이 하나 있습니다. 이 세상에 실체는 없는데 언어로만 존재하는 개념들이 난무하고 있다는 것을 말이죠. 건강이란 개념도 그중 하나였습니다.

이 책에서 저는 '건강'의 구체적인 실체에 대해 이야기해 보려 합니다. 그러기 위해서 여러분이 기존에 건강에 대해 갖고 있었던 관점들을 깨부수는 과정들을 거칠 예정입니다. 그리고 보다 객관화된 건강에 다가가기 위해 빅데이터를 다루는 기업 '테슬라'와 '팔란티어'가 세상 문제들의 실체에 접근해 가는 방법도 적용해 볼 예정입니다.

건강 개념을 말하다가 갑자기 IT기업의 이야기를 하니 독자들께서 다소 낯설게 느껴질 수도 있을 겁니다. 그러나 현 시점에서 테슬라와 팔란티어는 이 세상의 추상적 문제들을 가장 현실적으로 풀어내는 데 있어 독보적 입지를 가진 기업입니다. 그들의 문제 해결 방법론이 여러분의 상상 속에 파묻혀 있던 건강이란 개념을 현실 세계로 끄집어내는 데 최선의 접점이 될 수 있겠다 싶었습니다. 이러한 접근이 엉뚱하고 논란을 불러일으킬지언정 많은 분들께 공유하고 싶었습니다. 아니 더 많은 논쟁의 마중물이 되어도 좋겠습니다.

책은 총 4부로 구성하였습니다. 1부에서는 건강을 둘러싼 기존 관념들을 살펴보면서, 건강에 대한 새로운 접근법을 소개하고자 합니다. 2부와 3부에서는 '가짜에서 벗어나기'라는 주제로 2부에서는 건강 기능 식품을 둘러싼 오해를, 3부에서는 질병에 관한 갑론을박을 다루었습니다. 유용한 건강 정보들을 제공하는 것이 아닌, 유용한 건강 정보가 무엇인지 구분하고 해석할 수 있는 방법에 더 초점을 맞추었습니다. 4부에서는 현재 전문가 시스템의 문제와 미래, 그리고 그에 맞는 건강 문제 해결 방법을 다루었습니다.

허공을 떠도는 추상적 개념에서 벗어나, 수많은 매체에서 흘러 나오는 광고성 정보에서 벗어나, 현실에 실재하는 여러분만의 진짜 건강에 다가갔으면 합니다. 이 책에 그 길을 찾는 바람을 담았습니다. 건강을 지키고 미래를 준비하시는 데 도움이 되기를 바랍니다.

차례

2부 가짜에서 벗어나기: 건강 기능 식품

3부 가짜에서 벗어나기: 질병 

4부 빅데이터가 곧 닥터다

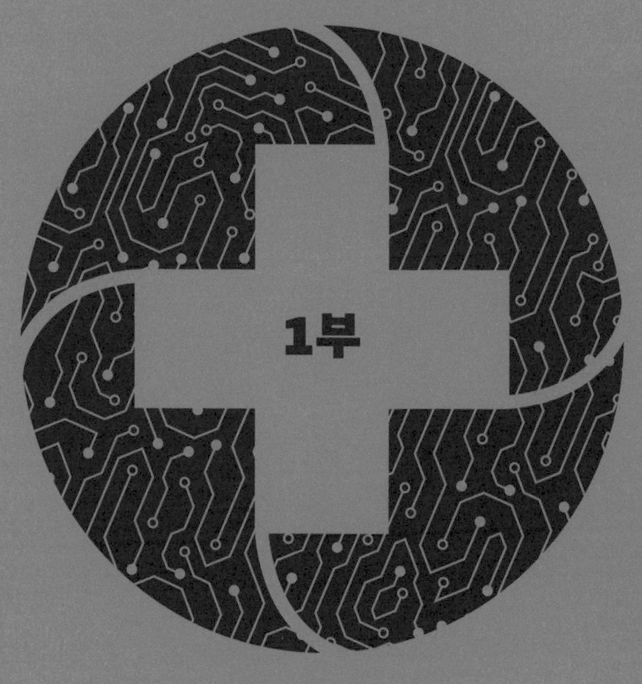

당신이 알고 있는 건강은 가짜

이뻐지는 약이란 허상

과학기술이 발전하면 이뻐지는 약이 개발될 수 있을까요? 절망적으로 들릴지 모르지만 단언컨대 절대로 불가능합니다. 이뻐지는 약은 기술이 아무리 발전해도, 천년만년이 지나도 나올 수 없죠. 어떻게 머나먼 미래의 일을 이렇게 확신에 차서 주장하는지 궁금한가요? 먼저 이 질문에 답해보세요.

'이쁘다'는 게 뭘까요?

어느 날 여러분은 이뻐지는 약 '프리티정'이 출시됐다는 광고를 우연히 보게 됩니다. 혹하는 마음에 프리티정을 구매해서 복용했죠. 다음 날 여러분의 얼굴을 보니 조선 시대에 인기 있던 미녀 스타일로 변했습니다. 자, 만족스러운가요? 당연히 아니겠죠.

아마도 이런 후회가 가장 먼저 들 거예요. '조선 시대 미녀 스타일로 만들어주는 약이라는 것만 알았어도 안 먹었을 텐데….'

프리티정이 조선 시대에 나왔다면 베스트셀러 약이 됐겠지만, 현대에 사는 여러분은 이 약을 먹으면 후회합니다. 왜일까요? 시대가 바뀌면서 '이쁘다'는 기준이 변했기 때문입니다. 2020년대 사람들이 조선 시대 미녀 얼굴을 이쁘다고 여기지 않죠. '이쁘다'는 절대적인 개념이 아니라 시대와 상황, 사람에 따라 달라질 수 있는 추상적인 개념입니다. 그렇기에 '이쁘다'가 구체적인 정의를 통해 객관화되지 않은 상태에서 누군가를 이뻐지게 한다는 개념은 성립되기 어렵죠.

이렇게 반문할 수 있을 거예요. '이쁘다'는 개념을 구체화한 뒤에 약을 개발하면 되지 않을까? 예를 들어 2020년대 미녀의 기준을 조사해보니 눈이 크고, 코가 오뚝하고, 주먹만 한 V라인 얼굴을 '이쁘다'는 개념으로 받아들인다는 걸 알게 됐어요. 그러면 '이쁘다'는 개념이 구체화됐으니 '눈이 커지고, 코가 오뚝해지고, V라인 얼굴로 만들어주는' 약을 만들면 되지 않을까요?

정말로 그런 기능이 있는 약 '프리티플러스정'을 개발했다고 해볼게요. 여러분은 2020년대 미녀의 얼굴로 변하고 싶은 마음에 프리티플러스정을 구매해서 복용했습니다. 그리고 다음 날 거울을 보니 눈이 크고 얼굴도 V라인인데, 코가 피노키오처럼 길어요. 뭐가 문제일까요? 여러분 코는 원래 오뚝한데, 프리티플러스정을 복용하고 코가 심하게 오뚝해져서 피노키오처럼 돼버린 거죠.

이뻐지는 약이 개발될 수 없는 또 하나의 결정적인 이유는 사람마다 이목구비와 얼굴형이 다르기 때문입니다. 이 말은 2020년대 '이쁜 얼굴'이 되려면 사람마다 바뀌어야 할 부분이 다르다는 뜻이죠. 누구는 코가 더 오뚝해져야 하고, 누구는 눈이 더 커져야 해요. 그렇다면 2020년대 '이쁜 얼굴'이 되기 위해 다음으로 해야 할 일은 무엇일까요?

약을 먹기 전에 자신의 이목구비와 얼굴형을 알아야 합니다. 그러고 나서 2020년대 미녀의 기준과 내 얼굴이 어떤 차이가 있는지 확인해야죠. 차이 나는 부분이 있다면 그 부분만 바꿔주는 약을 복용합니다. 눈이 작은 사람은 눈이 커지는 약을, 코가 낮은 사람은 코가 오뚝해지는 약을, 얼굴형이 네모난 사람은 V라인으로 만들어주는 약을 말이죠. 그러므로 자신의 얼굴이 어떤 모습인지 모르는 상태에서 이뻐지는 약을 복용한다는 자체가 어불성설입니다. 그 약의 기능이 나에겐 불필요할 수 있으니까요.

요약하면 이뻐지기 위해서 두 가지 조건이 필요합니다. '이쁘다'는 기준을 세워야 하고, 그 기준과 나 사이에 차이가 있는지 확인해야 합니다. 그렇게 해서 차이가 보이면 그 부분의 간격을 좁히는 일을 하는 것이 현실 세계에서 진짜로 이뻐지는 과정이죠. 이렇게 해야 이뻐진다는 추상적 개념이 실체화될 수 있어요. 이 두 가지 조건이 갖춰지지 않은 상태에서 이뻐지는 약을 먹으려 한다면 실체 없는 개념에 다가가는 것과 같습니다.

이런 관점에서 건강해지는 과정은 이뻐지는 과정과 매우 비슷합니다. '건강하다'도 '이쁘다'처럼 막연한 추상적 개념이기 때문이죠. 그러므로 현실 세계에 진짜로 건강해지기 위해서는 건강에 대한 구체적인 기준을 세우고, 그 기준과 나의 차이를 확인해 그 간격을 줄이는 과정이 필요합니다. 그래야 건강이란 개념을 현실 세계로 실체화할 수 있어요.

여러분이 그동안 건강해지려고 신체에 해온 수많은 노력을 떠올려보세요. 건강의 구체적인 기준을 세우고 그 기준과 여러분의 차이점을 확인한 다음, 그 간격을 줄이기 위한 노력이었나요? 그게 아니라면 여러분은 그동안 이뻐지는 약을 막연히 좇은 것과 같습니다.

일단 먹고 나면 왠지 모르게 이뻐질 것 같은 기분, 왠지 모르게 건강해질 것 같은 기분은 실체가 없는 허상의 개념이죠.

언어가 환상을 만든다

"○○을 먹으면 심장이 더 튼튼해질 거야."

"○○을 먹으면 활력이 더 솟을 거야."

"○○을 먹으면 식욕이 더 좋아질 거야."

어디선가 한번쯤 들어본 표현이죠? ○○이 오래전부터 효과가 뛰어난 식품으로 알려졌다면 사람들 사이에서 ○○의 효과에 대한 믿음은 더욱 강하게 형성됐을 겁니다. 그런데 그 믿음의 본질을 자세히 보면 사람들이 믿는 것이 과연 무엇인지 의문이 생깁니다.

일반적으로 건강하다고 생각하는 사람들의 표준, 평균치를 한번 떠올려볼까요? 특별히 아픈 곳 없고, 적정 체중이고, 규칙적

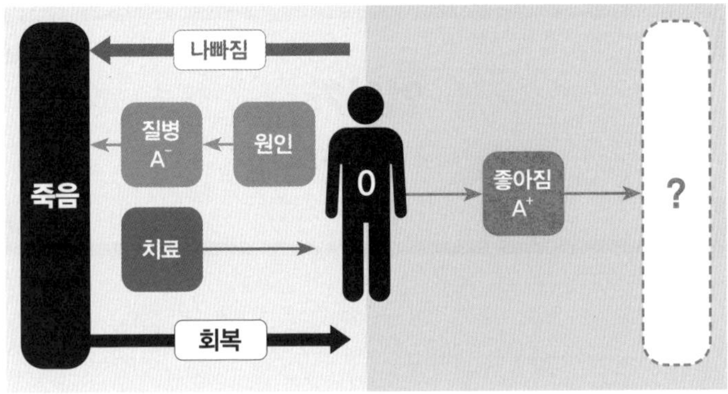

인 식사와 운동을 하고, 검사 수치가 정상으로 나오고, 사회생활 하는 데 특별한 문제가 없는 정신 상태… 이 정도가 떠오르네요. 이 상태를 0(제로)라고 해보겠습니다.

어느 날 갑자기 몸이 아픕니다. 병원에 가서 진찰받고 검사를 해보니 A^-라는 질병이 발견됩니다. 질병을 유발한 원인을 찾아서 없애는 치료를 받으면 몸은 어떻게 될까요? 0 상태로 돌아가겠죠. 이것이 회복입니다. 여기서 질병, 원인, 치료, 회복의 개념은 모두 과학적이라고 할 수 있어요. 객관적인 검사로 증명되고, 모든 사람이 객관적으로 그 개념을 동일하게 인지하니까요.

A^-라는 질병을 치료하지 못해서 상태가 더 나빠진다면 마지막 단계에 무엇이 존재할까요? 죽음이죠. 죽음도 과학적인 개념입니다. 검사로 증명되고, 모든 사람이 그 개념을 동일하게 인지하

니까요. 앞의 그림과 같이 표현할 수 있죠.

0 상태에서 죽음으로 가는 방향에 있는 영역에 존재하는 개념(죽음, 질병, 원인, 치료, 회복)은 객관적으로 증명될 수 있고, 모든 사람이 동일한 방식으로 그 개념을 인지하기 때문에 현실 세계에서 과학적으로 존재하는 개념입니다. 그렇다면 그 반대편의 상황은 어떨까요? 0 상태에서 뭔가를 좋아지게 하는 개념이 있다고 해보죠. 이 상태를 A^+라고 하겠습니다. 그런데 여기서 예상치 못한 문제가 발생합니다. 몸에서 A^+라는 변화가 일어났는데, 그 상태가 0보다 좋아진 상태라는 보장이 없는 거죠. A^+로 가는 방향이 0 상태보다 더 좋다는 명확한 기준이 없으니까요.

예를 들어 0 상태에서 심장근육이 100g이라고 해볼게요. 여기서 심장 영양제를 먹고 심장근육이 200g이 됐습니다. 이게 A^+ 상태겠죠. 이때 심장근육 200g 상태가 100g 상태보다 좋다는 보장이 없다는 겁니다. 근육이 늘었어도 심장이 좋아진 것과 무관할 수 있고, 상태가 더 나빠졌을 가능성도 있으니까요. 다양하게 해석될 수 있죠.

그러므로 심장근육 200g 상태가 정확히 어떤 상태인지 해석하려면 기준점이 필요합니다. 0 상태의 왼쪽에서는 죽음이라는 기준점이 있었죠. 0 상태의 오른쪽에서는 완벽이라는 기준점이 필요합니다.

그렇다면 기준점을 만들어보죠. 심장근육이 1000g일 때 비로소 영원히 멈추지 않는 완벽한 심장 상태가 된다고 가정해보겠습니다. 이 경우 심장근육이 100g에서 200g이 되면 1000g으로 향하는 방향으로 움직였기 때문에 분명히 더 좋아진 상태라고 해석할 수 있습니다. 그러나 이 가정에는 커다란 오류 하나가 있죠. 완벽한 심장 상태라는 게 현실에 존재하지 않는 개념입니다.

영원히 멈추지 않는 완벽한 심장 상태는 현재의 과학 수준에서는 상상 속 이상향의 개념일 뿐입니다. 그런데 이렇게 되면 A^+의 입지가 매우 난처해지죠. A^+가 가고자 하는 방향이 현실에 없는 상상의 개념이라면, **A^+는 상상 속의 기준점을 향해 다가간 상태니까요.**

"○○을 먹으면 심장이 더 튼튼해질 거야." "○○을 먹으면 활력이 더 솟을 거야." "○○을 먹으면 식욕이 더 좋아질 거야."

처음 이 표현을 봤을 때와 느낌이 달라졌나요? 달라졌다면 **여러분이 '무언가 좋아졌다'라는 방향의 끝에 무엇이 있는지 보려고 했기 때문입니다.** 그런데 잘 보이지 않죠. 그로 인해 더 좋아졌다는 A^+ 상태의 의미가 애매해진 것입니다.

지인들과 얘기를 나누다 보면 특정 식품이 몸에 좋다고 강하게 믿는 경우를 종종 봅니다. 효과가 진짜인지 관련 연구를 찾아보면 그 식품이 어떤 질병도 예방한 적이 없고, 사망률을 낮추지 못했다는 사실을 알게 되죠. 지인에게 그 사실을 알려줘도 전혀 개의치 않습니다. 지인은 그 식품을 질병 예방이나 사망률을 낮추려고 먹는 게 아니라, 몸에 좋다고 믿어서 먹기 때문이죠.

지인이 생각하는 몸이 더 좋아진다는 기준점은 무엇일까요? 완벽한 몸, 완벽한 영생의 상태일까요? 참고로 그 지인은 완벽한 영생의 상태가 존재한다고 믿지 않습니다. 현실 세계에 사는 사람이라면 사이비 종교 신자가 아닌 이상 당연히 영생을 믿지 않겠죠.

그러나 논리적으로 "영생은 존재하고 그 식품이 영생으로 가는 데 도움이 된다"고 말하는 것이 오히려 더 명백한 주장입니다. 주장의 방향성이 명확하기 때문입니다. 그렇다면 영생은 믿지 않는데 무언가 더 좋아진 A^+의 상태를 믿는다면 A^+의 실체는 무엇일까요? 그 지인은 무엇을 보고 A^+를 믿게 된 걸까요?

아무리 찾으려 해도 객관적으로는 찾기 어렵습니다. 실체가 없기 때문입니다. '○○을 하면 더 좋아진다'는 언어적 표현만이 존재할 뿐이죠.

사람은 언어를 믿는 것입니다.

테슬라에서 발견하는 건강 유지의 비밀

자동차가 A 지점부터 B 지점까지 스스로 운전해서 갈 수 있도록 자율 주행 설정을 했습니다. 그리고 무사히 도착했어요. 그 모습을 지켜본 한 엔지니어가 동료에게 이야기합니다.

"생각보다 운전 잘하는걸. 차의 소프트웨어를 업데이트하면 아마 운전을 더 잘할 거야."

"더 잘할 거라고? 뭘 더 잘하게 되는데?"

"운전을 더 잘할 거라고."

"그러니까… 운전을 어떻게 더 잘하는데?"

대화가 잘 안 되는 게 느껴지나요? 대화가 안 되는 핵심적인 이유는 '운전을 잘한다'라는 개념이 구체적으로 정의되지 않았기 때문입니다. 하지만 아래처럼 대화를 나누면 군더더기 없이 깔끔해지죠.

"생각보다 운전 잘하는걸. 차의 소프트웨어를 업데이트하면 아마 운전을 더 잘할 거야."

"더 잘할 거라고? 뭘 더 잘하게 되는데?"

"사고율이 10%에서 1%로 감소할 거야."

건강을 구체적으로 정의하기 위해 테슬라에 대해 잠깐 얘기해 볼게요. 테슬라는 전기 차를 제조하는 영역에서 선두에 있는 회사로 유명하고, 자율 주행 차를 만드는 영역에서는 타 회사보다 압도적으로 선두에 있습니다. 2003년에 설립된 이 신생 기업이 어떻게 자율 주행 차에서 독보적인 위치를 차지하게 됐을까요? 그 비결은 압도적으로 많은 자율 주행 테스트에 있죠. 자율 주행 테스트 누적 거리 통계를 보면 경쟁사 웨이모(구글 자회사)가 3200만 km, 테슬라는 53억 km가 넘습니다. 비교 불가한 수치를 보이죠(2020년 8월 기준).[1]

자율 주행 테스트의 목적은 테스트하는 동안 발생하는 문제를 발견하고 수정하기 위해서입니다. 남들보다 자율 주행 테스트를 많이 한다는 것은 문제점을 더 많이 발견해서 수정했다는 뜻이라고도 할 수 있어요. 다시 말해 테슬라가 타 회사보다 자율 주행

차에서 선두에 있는 이유는 압도적인 테스트 양 덕분에 현존하는 문제를 더 많이 발견하고 수정했기 때문이라 할 수 있죠. 여기서 여러분께 정말로 중요한 개념을 얘기하고자 합니다.

완벽해지는 과정이란 문제를 찾아서 수정하는 과정과 같은 의미라는 것이죠.

하나의 문제를 찾아서 고친다＝한 단계 더 완벽해진다.

이런 관점에서 건강은 자율 주행 차와 매우 비슷합니다. 자율 주행 차는 A 지점에서 B 지점까지 아무런 사고 없이 무사히 도착하는 게 목표죠. 사람도 마찬가지입니다. 0세 지점에서 100세 지점까지 특별한 사고 없이 도착하는 게 목표죠. 이 글을 읽는 여러분의 몸은 자율 주행의 여정을 시작한 상태입니다. 더 완벽한 자율 주행이 되기 위해 우선적으로 필요한 것은 100세 지점까지 가는 동안 가지 못하게 가로막는 문제를 빨리 파악해서 고치는 일입니다. 여러분의 자율 주행 테스트를 통해서 말이죠. 의학적으로 바꿔서 표현할 경우, 100세가 될 때까지 더 건강해지려면 현재 있는 건강 문제를 찾아서 고치는 일부터 시작해야 합니다. 건강 테스트를 통해서 말이죠.

물론 문제를 하나하나 찾아서 고치는 과정은 매우 번거롭습니다. 수많은 노력이 필요하니까요. 그러나 모두가 완벽한 상태에 이르고 싶은 마음은 굴뚝같기에 다음과 같은 사례가 흔히 나타납니다.

어느 날 60대 남자 환자 A가 혈압약을 처방받기 위해 병원에 왔습니다. A의 상태는 대략 다음과 같았죠.

- **5년 전 고혈압 진단**
- **음주 : 주 2회(회당 소주 1병)**
- **흡연 : 매일 1/2갑**
- **비만**
- **마지막 건강검진 4년 전**

혈압을 재니 160/100mmHg입니다. A는 깜짝 놀라 이렇게 얘기하더군요. "최근에 바빠서 병원에 못 갔어요. 평소에는 혈압이 잘 조절됐는데, 약을 며칠 못 먹어서 그런가 봐요." 몇 가지 더 확인해 보니 영양제는 빠짐없이 잘 복용하고 있었습니다. 종합 비타민, 관절 영양제, 뇌 기능 개선제, 오메가3, 혈액순환제 등 다섯 가지가 훌쩍 넘었죠.

"영양제 정말 많이 드시네요."

"이 나이 돼보세요. 건강을 안 챙길 수가 없어요."

지금 A에게는 의사의 지침대로 혈압약을 복용하고, 금연하고, 체중을 감량하고, 건강검진을 제때 받는 것이 필요합니다. 그러나 A가 가장 열심히 하는 것은 영양제 복용하기죠. 왜일까요? 문제를 고쳐서 한 단계씩 완벽한 상태에 다가가는 과정이 너무나 힘들기 때문입니다. 시간과 노력을 들일 엄두가 안 나니 어쩔 수 없이 더 쉽게 가는 방법을 찾게 됩니다. 그 방법은 영양제 복용하기가 되기 쉽습니다. 영양제를 복용하는 행위는 아무런 노력이 필요하지 않으면서도 단번에 건강한 상태로 만들어줄 것 같기 때문입니다. 그래서 더 집착하죠.

테슬라가 자율 주행에서 타 기업보다 독보적인 위치에 있는 이유는 특별한 비결 때문이 아닙니다.

그저 묵묵히 남들보다 더 많은 문제를 확인하고 고쳤기 때문입니다.

팔란티어에서 발견하는 문제 접근 방식

팔란티어는 미국의 IT 기업입니다. 빅데이터를 분석해 최선의 의사 결정을 내릴 수 있도록 도와주는 프로그램을 고객에게 제공하죠. 팔란티어의 빅데이터 분석 기술은 오사마 빈 라덴을 추적하는 데 처음 이용되면서 세상에 알려졌어요. 최근에는 러시아-우크라이나 전쟁에서도 팔란티어 프로그램이 이용돼 더욱 유명해졌죠. 이 프로그램을 이용한 쪽은 우크라이나로, 놀랍게도 이후 전세가 역전되기 시작했습니다. 팔란티어 프로그램은 현재 빅데이터 분석 영역에서 최강자의 입지를 다지고 있기에, 일반 기업부터 CIA와 미 국방부 등 국가기관까지 데이터 분석의 필수 대안으로 팔란티어 프로그램을 이용합니다.

그렇다면 팔란티어 프로그램은 어떤 방식으로 빅데이터를 분석하기에, 도대체 그 능력이 얼마나 대단하기에 전쟁에서 약소국이 강대국을 이기게 하는 수준에 이를까요? 그 비결은 무엇일까요?

빅데이터 분석 서비스를 제공하는 기업은 무수히 많습니다. 이미 수많은 경쟁 기업이 데이터 통합·분석을 통해 효율적인 의사 결정과 새로운 비즈니스 가치를 창출할 수 있게 도와주는 프로그램을 제공하죠. 팔란티어가 이들 사이에서 독보적인 입지를 드러내는 이유가 하나 있습니다. 다른 기업이 데이터 분석 기술에 초점을 맞출 때, 팔란티어는 문제 자체에 초점을 맞춥니다.

바꿔 말해 권투 시합에서 다른 기업이 링 위에서 자신의 펀치 기술에 초점을 맞출 때, 팔란티어는 상대 선수 자체에 초점을 맞추죠. 팔란티어는 이를 **'거꾸로 변환하기**Transformation Backwards'라고 부릅니다. 처음부터 기술로 해결책을 찾으려 하지 말고, 문제가 무엇인지부터 파악해서 정의하라는 거죠. 그래야 진짜 문제를 해결할 수 있기 때문입니다. 이것이 팔란티어의 첫 번째 문제 해결 공식입니다.

공식 ❶ 문제를 재정의하라

문제가 정의됐다면 자연스레 그 문제와 관련된 데이터를 모을 수 있겠죠. 여기서 포인트가 하나 있습니다. 문제를 어떻게 정의했느냐에 따라 데이터의 의미가 달라질 수 있다는 거죠.

예를 들어 권투 시합을 할 때, 이 상황을 체중 감량이라는 문제로 정의했다면 허공에 펀치를 날리는 횟수가 매우 중요합니다. 그 횟수가 많아질수록 체중 감량이라는 문제를 해결하는 데 도움이 되는 데이터가 되기 때문이죠. 그러나 이 상황을 권투 시합 승리라는 문제로 정의했다면 어떨까요? 이때는 허공에 펀치를 날리는 횟수가 문제 해결을 방해하는 데이터가 되겠죠.

그래서 팔란티어는 데이터 자체보다 그 데이터의 의미를 중요시합니다. 문제 해결에는 그 데이터보다 데이터의 의미가 본질적으로 도움이 되기 때문입니다. 팔란티어는 이렇게 의미가 부여된 데이터를 **온톨로지**Ontology라고 부릅니다.[2] 이것이 팔란티어의 두 번째 문제 해결 공식이죠.

공식 ❷ 데이터의 의미를 눈에 보이게 드러내라

이 두 가지 공식을 오랜 시간 고수한 결과, 팔란티어는 인류

역사상 가장 고질적인 문제인 전쟁에서 해결책을 찾는 데 도움을 준 유일한 빅데이터 IT 기업이 됐습니다. 여기서 더 놀라운 점은 팔란티어의 이 공식이 문제를 해결하는 데 영역을 가리지 않는다는 것입니다. 그렇다면 한번 시도해 볼까요? 건강이란 문제에 말이죠.

❶ '건강'을 재정의하라.

❷ 현재 있는 '건강'과 관련된 정보의 의미를 '건강'의 재정의에 맞춰 눈에 보이게 드러내라.

건강을 정의해보자

완전한 건강은 결국 영생으로 이어집니다. 그러나 영생은 현실에 존재하기 불가한 개념이죠. 즉 완전한 건강은 유토피아 같은 이상향의 개념이라 할 수 있습니다. 반대로 죽음은 현실에 존재하는 개념입니다. 질병도 현실에 존재하는 개념이죠. 그러므로 완전한 건강을 현실에 존재하는 개념으로 설명하기 위해서는 건강을 죽음과 질병으로 바꿔서 표현해야 합니다. 이게 바로 테슬라의 접근 방식입니다. 현실에 존재하지 않는 완전 자율 주행이라는 개념을 현실에 존재하는 문제를 해결함으로써 한 걸음씩 다가가고 있거든요.

저는 이런 방식을 '**거꾸로 접근하기**'라고 부르겠습니다. 거꾸로 접근하기는 추상적인 이상향의 개념을 현실적으로 구체화해 정의하는 데 유용합니다. 예를 들어볼까요?

- 교통사고(현실) = 완전 자율 주행 + 사고 위험(현실)

  교통사고(현실)−사고 위험(현실) ⇒ 완전 자율 주행

→ 완전 자율 주행은 현실에 존재하지 않지만, 그 반대 개념인 교통사고는 현실에 존재합니다.

→ 사고 위험을 하나씩 줄여가다 보면 교통사고 가능성은 낮아지고, 완전 자율 주행 상태에 가까워집니다.

→ 완전 자율 주행에 가까워진다는 것은 현실적인 개념으로 교통사고 가능성이 낮아지는 상태라 할 수 있습니다.

- 죽음(현실) = 완전한 건강 + 질병(현실)

  죽음(현실)−질병(현실) ⇒ 완전한 건강

→ 완전한 건강은 현실에 존재하지 않지만, 그 반대 개념인 죽음은 현실에 존재합니다.

→ 질병을 하나씩 줄여가다 보면 죽음의 가능성은 낮아지고, 완전한 건강 상태에 가까워집니다.

→ 완전한 건강에 가까워진다는 것은 현실적인 개념으로 병들어 죽을 가능성이 낮아지는 상태라 할 수 있습니다.

이상향의 개념에 거꾸로 접근하는 주된 목적은 현실에 존재하는 개념을 이용해 구체화하기 위해서입니다. 그런데 현실에 존재하는 개념은 이상향의 개념과 반대편에 있으니 거꾸로 접근할 수밖에 없습니다. 죽음이라는 현실을 기준으로 세운 후 뒤쪽으로 걸어가면서 어디에 있는지 모르는 완전한 건강의 방향을 찾아가는 과정이죠.

물론 거꾸로 접근한다 한들 현재의 과학기술로 완전한 건강에 다다를 순 없습니다. 현대 의학에서는 죽을 가능성을 0%로 낮추는 방향을 아직 모르기 때문입니다. 그래서 완전한 건강을 기준으로 더 건강해지는 방향은 허상의 개념이 됩니다. 완전한 건강의 기준이 존재하지 않기 때문이죠. 과학적인 관점에서 더 건강해진다는 것은 죽음이라는 명확한 기준에서 얼마나 멀리 떨어졌느냐 하는 개념일 뿐입니다. 좀 더 피부에 와닿게 A와 B의 사례를 들어보죠.

1. 병원에 가길 끔찍이 싫어하는 남자 A(50세)가 있습니다. 그는 유튜브와 책에서 공부하고 찾은 내용을 토대로 자신만의 건강관리법을 만들었습니다. 매일 산속에서 좋은 공기를 마시고, 유기농 음식만 먹고, 규칙적으로 명상을 했죠. 그렇게 1년을 지속하니 몸이 뭔가 달라진 것을 느껴 친구에게 자랑합니다.

- A 지난 1년간 좋은 공기 마시고, 좋은 음식 먹고, 좋은 생각을 하니까 몸이 무척 건강해졌어.
- 친구 뭐가 더 건강해졌는데?
- A 컨디션이 좋아지고 잡생각도 사라지고, 뭔가 더 가벼워진 느낌이랄까?
- 친구 그럼 영생에 더 가까워진 거야?
- A 사람이 어떻게 영생하냐!

→ A의 방법이 완전한 건강을 기준으로 더 건강해지고자 하는 대표적인 사례라 할 수 있습니다. 그러나 A의 상태가 완전한 건강에 더 가까워졌는지는 알 수 없습니다. 완전한 건강의 기준이 없기 때문이죠. A의 상태에 대한 평가 지표는 A의 주관적 느낌뿐입니다.

2. 병원에 가기를 즐기는 남자 B(50세)가 있습니다. 건강검진 받을 시기가 돼서 정확한 날짜에 맞춰 혈액검사를 했습니다. 검사 결과 콜

레스테롤 수치가 정상보다 높아 의사의 처방을 통해 고지혈증약을 복용하기 시작했습니다. 1년 뒤 B가 친구에게 말합니다.

- B 건강검진에서 콜레스테롤이 높게 나왔어. 그래서 지금 1년째 고지혈증약을 복용중이야.
- 친구 그렇게 4년을 더 복용하면 고지혈증약을 먹지 않은 경우보다 사망률이 12% 감소할 거야.[3]

→ B는 고지혈증이라는 문제를 교정함으로써 죽음이라는 기준에서 12% 더 멀어질 수 있습니다. 이 사실은 누구의 관점으로도, 시대가 바뀌어도 해석이 달라지지 않는 내용이죠. 평가 지표가 명확하므로 B는 과학적인 관점에서 더 건강해졌다고 판단할 수 있습니다.

죽음과 죽음의 가능성(질병)을 낮추는 것만이 실체가 있는 개념입니다. 건강이 더 좋아졌다는 것은 죽음의 가능성이 보다 낮아진 상황의 비유적 언어 표현일 뿐이죠. 그러므로 언어의 세계가 아닌, 현실 세계에서 더 건강해지기 위해서는 죽음의 가능성을 보다 낮추기 위해 노력해야만 합니다.

이것이 현실 세계에서의 건강의 절대적 기준입니다.

건강으로 가는 알고리즘

거꾸로 접근하기를 통해 드디어 건강을 현실의 개념으로 재정의했습니다.

❶ 건강해지다 : 병들어 죽을 가능성이 낮아지다

이제 다음 할 일이 눈에 보입니다. 먼저 대다수 사람이 보통 어떤 병으로 죽는지, 어떤 경우에 병들어 죽을 가능성이 높은지 확인해야죠.

통계를 보니 암과 심혈관·뇌혈관 질환(순환기 계통 질환)이 사망 원인의 절반 이상을 차지하네요. 그렇다면 암과 심혈관·뇌혈

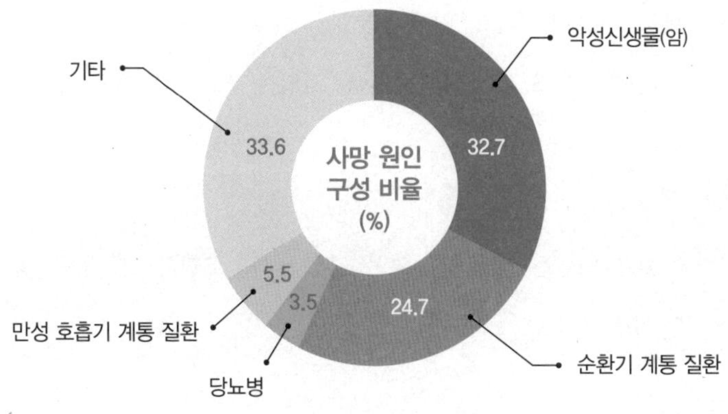

통계청 사망 원인 통계[4]

관 질환을 일으키는 주원인이 무엇인지도 알아야겠죠. 《내과학 교과서Harrison's Principles of Internal Medicine》에서는 암과 심혈관·뇌혈관 질환을 일으키는 대표적인 원인을 다음과 같이 안내하고 있어요.[5·6]

- 암 유발 요인: 일부 항암제alkylating agent, 일부 남성호르몬androgen, 일부 염색약aromatic amine, 비소, 석면, 벤젠, 크로뮴, 일부 여성호르몬DES, estrogens, 엡스타인바 바이러스EBV, 헬리코박터균, B형 간염바이러스, C형 간염바이러스, 인간면역결핍바이러스HIV, 인유두종 바이러스HPV, 인체T림프구친화바이러스 1형HTLV-1, 면역억제제azathioprine, cyclosporine, glucocorticoid, 방사선, 질소 유황 가스, 니켈

먼지, 디젤 배기가스, 일부 진통제phenacetin, 다환방향족탄화수소PAH, 라돈 가스, 기생충(주혈흡충증), 자외선, 흡연, 음주, 염화바이닐Vinyl chloride gas

- 심혈관·뇌혈관 질환 유발 요인: 흡연, 당뇨, 고혈압, 고지혈증, 비만, 활동량 감소

건강 관련 정보가 확인됐습니다. 이제 팔란티어의 두 번째 공식을 따라갈게요.

❷ 관련 정보의 의미를 병들어 죽을 가능성(정의)에 맞춰 눈에 보이게 드러내라

건강검진을 통해 나에게 헬리코박터균 감염과 고지혈증이 발견됐다고 가정해 보죠. 이 정보에 건강의 정의에 맞춰 의미를 부여하면 다음과 같이 바뀝니다.

- 나에게 암 유발 요인과 심혈관·뇌혈관 질환 유발 요인이 발견됐다.
- 나에게 사망 원인 1위 위험 요인과 사망 원인 2위 위험 요

인이 발견됐다.

단순히 헬리코박터균 감염과 고지혈증으로 표현했을 때와는 느낌이 사뭇 다르죠. 아무래도 사망 원인 위험 요인이라는 의미가 경각심을 더 생기게 할 수밖에 없을 겁니다. 그런데 과장된 표현이 절대 아닙니다. 인지하지 못하던 의미를 상기시킨 것뿐이니까요. 그 경각심으로 헬리코박터균 감염과 고지혈증을 최대한 빨리 치료했다고 해볼게요. 그렇다면 이 상황은 다음과 같이 의미를 부여할 수 있겠죠.

- 나에게 있는 암 유발 요인과 심혈관·뇌혈관 질환 유발 요인을 제거했다.
- 나에게 있는 사망 원인 1위 위험 요인과 사망 원인 2위 위험 요인을 제거했다.

과장된 표현은 하나도 없습니다. 건강을 현실의 개념으로 재정의해 그 의미를 연결한 것뿐이니까요.

여러분, 건강검진을 주기적으로 받나요? 내시경검사는 주기적으로 하나요? 예방접종은 제때 하나요? 지금 여러분의 혈압, 혈당, 콜레스테롤 수치를 정확히 아나요? 적정 체중과 허리둘레를 유지하나요?

이 질문을 재정의한 건강에 맞춰 다시 의미를 부여해보겠습니다.

여러분, 사망 원인 1위와 2위 가능성을 낮추기 위해 노력하나요?

어때요, 느낌이 사뭇 다르죠? 그런데 저는 아무런 과장된 표현을 하지 않았습니다. 그저 건강을 현실에 존재하는 개념으로 재정의하고, 그에 맞춰 정보에 의미를 부여했습니다.

그 의미를 여러분의 눈에 드러나게 했을 뿐입니다.

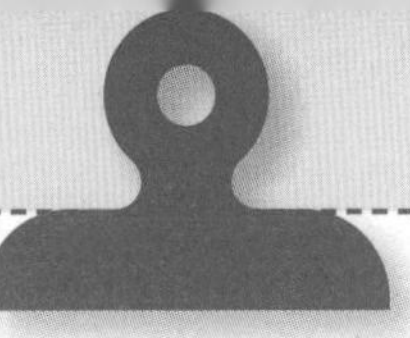

병원 한번 안 다닐 만큼 건강했어요

"병원 한번 안 다닐 만큼 건강했다."

주변에서 많이 듣는 이야기죠. 그런데 자세히 보면 가장 비과학적이면서 위험천만한 이야기이기도 합니다. 왜 그런지 하나씩 풀어보겠습니다.

첫째, 왜 비과학적일까요? A와 B의 대화를 봅시다.

A 나는 이뻐서 성형외과에 가본 적이 없어.

B 그래? 네 얼굴을 거울로 본 적은 있니?

A 아니, 직접 본 적은 없어.

B 그러면 네 얼굴이 이쁘다는 건 어떻게 알았어?

A 아직 성형외과에 갈 필요를 못 느꼈으니까.

A의 대답이 뭔가 이상하고 답답합니다. A는 '이쁘다'를 주관적으

로 정의하고 있기 때문이죠. 성형외과에 가지 않은 것과 이쁘다는 동의어가 아닌데, 이 둘을 같은 의미로 설정했어요. 그로 인해 자기 얼굴을 본 적 없이 어떻게 생겼는지조차 모르는 상태에서도 이쁘다고 주장하는 논리가 나왔습니다. 누가 봐도 과학적이지 않은 사고의 흐름이죠.

"병원 한번 안 다닐 만큼 건강했다"는 말은 A의 주장과 사고의 흐름이 완전히 같습니다. 병원에 다니지 않은 것과 건강하다는 동의어가 아닌데, 이 둘을 같은 의미로 설정한 주장이죠. 그로 인해 자신의 몸속을 한번 들여다보지 않고도 건강하다고 외치는 논리가 나오는 겁니다.

둘째, 왜 위험천만한 이야기일까요? 1부에서 건강은 자율 주행과 매우 비슷한 개념이라고 했습니다. 자율 주행이 완벽해지려면 자율 주행 테스트를 통해 문제를 찾아내서 고치는 과정을 거쳐야 한다고도 했죠. 마찬가지입니다. 더 건강해지려면 현재 내 몸에 어떤 문제가 있는지 찾는 테스트가 필요하고, 문제가 발견되면 고치는 과정이 필요하죠. 그러므로 병원 한번 안 다녔다는 말은 어떤 건강 테스트도 받아본 적이 없다는 말과 같습니다.

바꿔 말해 여러분이 자율 주행 차로 장거리 여행을 떠나려고 하는데, 이 차는 아직 자율 주행 테스트를 받아본 적이 없다고 합니다.

그런데도 여러분은 이 차를 타고 눈 감고, 두 손 놓고 자율 주행을 하려는 것과 같은 상황이라 할 수 있죠. 위험성이 느껴지나요?

나이 들면서 지인의 갑작스런 부고를 받는 일이 많습니다. 가뜩이나 마음이 안 좋은데, “그동안 병원 한번 안 다닐 만큼 건강했어. 믿기지 않아. 너무 허무해…”라는 말에 가슴이 더 아픕니다.

그 지인이 한 번이라도 병원에 갔다면 상황은 어떻게 달라졌을까요? 검사하고, 병을 진단받고, 약물 치료를 하고… 병원에 여러 차례 다니는 상황으로 이어졌겠죠. 그 모습이 주변 사람들에겐 아마 건강하지 않은 사람으로 보였을 겁니다. 시간이 흘러 그 지인의 사연은 이렇게 전달됐을 거예요. “요즘 몸이 안 좋은가 봐. 병원에서 계속 치료받고 있대.”

부고가 아니라 아직 잘 살아 있다는 소식으로 말이죠.

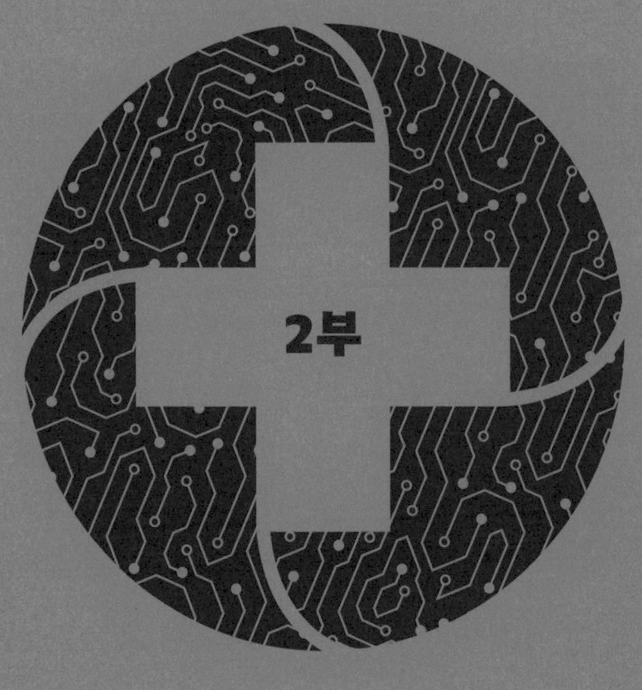

가짜에서 벗어나기 :
건강 기능 식품

몸에 좋은 음식에 속는 이유

"채소 좀 많이 먹어. 몸에 좋으니까."

"오메가3 좀 챙겨 먹어. 몸에 좋으니까."

"구체적으로 몸 어디에 좋은데?"라고 물으면 여러분은 명확하게 대답할 수 있나요? 몸에 좋다는 음식에 관한 이야기를 들으면 왜 비판적으로 사고하지 못하고 혹해서 믿어버리는지 알아봅시다.

추상적인 표현의 함정

로켓이 있습니다. 여러분은 우주 비행사로 곧 탑승할 예정이죠. 최종 목적은 로켓을 타고 특별한 사고 없이 지구에서 안전하게 탈출하는 겁니다. 이때 친구 1이 와서 얘기합니다.

- 친구 1 오메가3 기름을 연료에 섞으면 로켓에 그렇게 좋다네. 꼭 한 번 섞어봐.
- 나 오, 정말?

혹하는 주장처럼 들리죠. 논리적으로 사고하면 이게 얼마나 무책임한 말인지 알 수 있습니다. 한번 볼까요?

- 친구 1 오메가3 기름을 연료에 섞으면 로켓에 그렇게 좋다네. 꼭 한 번 섞어봐.
- 나 오메가3 기름이 로켓 어디에 좋은데?
- 친구 1 몰라… 아무튼 로켓에 좋대. 일단 섞어봐.

질문하는 순간 대화가 잘 이어지지 않는 게 느껴지죠? 이유는 '**좋다**'는 단어 때문입니다. 친구 1은 '좋다'를 '도움이 된다'는 의미로 사용했어요.

로켓에 좋다 → 로켓에 도움이 된다

도움이 된다는 표현이 논리적인 문장이 되려면 어디에 도움이 되는지 목적어가 필요합니다. 그러나 친구 1은 어디에 도움이 되는지 생각해본 적이 없습니다. 그래서 막연히 '**좋다**'는 단어로 에둘러 표현했죠.

여러분이 목숨을 걸고 로켓에 탑승해야 하는 우주 비행사라면 어땠을까요? 무슨 기능을 하는지도 모르는 오메가3 기름을 연료에 섞었을까요? 당연히 아니겠죠.

- 친구 1 오메가3 기름을 연료에 섞으면 로켓에 그렇게 좋다네. 꼭 한 번 섞어봐.

그런데 이 표현을 처음 봤을 땐 어땠나요? 혹시 오메가3 기름을 조금이라도 연료에 섞어보고 싶은 충동을 느끼지 않았나요? 그렇다면 그 이유는 '**좋다**'라는 추상적인 표현 때문에 목적어가 빠진 문장을 보고도 논리적으로 문제가 있다고 인지하지 못한 겁니다. 논리적이지 않아도 믿게 되는 미신과 같은 상황이죠.

좋은 기능의 함정

이번엔 친구 2가 다가와서 오메가3 기름 효과에 대해 구체적으로 얘기합니다.

- 친구 2 오메가3 기름을 연료에 섞으면 로켓연료가 맑아져서 로켓에 좋대.

이번엔 꽤 그럴듯한 주장처럼 들리죠. 그러나 좀 더 논리적으로 사고하면 얼마나 무책임한 얘기인지 알 수 있습니다. 다음 대화를 보세요.

- 친구 2 오메가3 기름을 연료에 섞으면 로켓연료가 맑아져서 로켓에 좋대.
- 나 로켓연료가 맑아지면 로켓의 어떤 부분에 도움이 되는 거야?
- 친구 2 로켓연료가 맑아져서 좋은 거지.
- 나 그러니까 로켓연료가 맑아지면 정확히 로켓의 어디에 도움이 되는데?

역시 대화가 잘 이어지지 않죠. 이유는 다음과 같습니다. 친구 2는 로켓연료가 맑아진다는 기능에만 몰두했고, 그것을 통해 구체적으로 이루고자 하는 목적을 생각하진 못했습니다. 그러다 보니 쳇바퀴 도는 대화가 되고 말았죠.

여러분이 목숨을 걸고 로켓에 탑승해야 하는 우주 비행사라면 어땠을까요? 로켓연료가 맑아지는 기능이 로켓의 어떤 부분에 좋은지 모르는 상태에서 오메가3 기름을 로켓연료에 섞을 수 있을까요? 당연히 아니겠죠.

- 친구 2 오메가3 기름을 연료에 섞으면 로켓연료가 맑아져서 로켓에 좋대.

하지만 이 표현을 처음 봤을 땐 어땠나요? 혹시 오메가3 기름을 조금이라도 연료에 섞어보고 싶은 충동을 느끼지 않았나요? 그렇다면 '로켓연료를 맑게 해준다'는 오메가3 기름의 기능에 집중한 나머지 구체적인 목적이 없는 주장을 보고도 문제가 있다고 인지하지 못했기 때문입니다. 기능이 좋아 보여서 그 기능을 통해 이루고자 하는 목적이 무엇인지 잊어버린 상황이죠. 오메가3 기름의 기능 자체가 목적이 된 셈입니다.

논리의 함정

이번엔 친구 3이 다가와서 목적어를 추가해 얘기합니다.

● 친구 3 오메가3 기름을 연료에 섞으면 로켓연료가 맑아져서 로켓의 폭발 사고 예방에 도움이 된대.

이번엔 논리적으로 완벽한 주장이죠. 하지만 오메가3 기름을 의심 없이 로켓연료에 섞지는 못할 겁니다. 생명이 걸린 중대한 사항을 결정하는 일에 한 친구 말만 듣고 따를 순 없으니까요. 친구 3의 말이 사실인지 아닌지 근거를 찾아봐야 합니다.

● 친구 3 오메가3 기름을 연료에 섞으면 로켓연료가 맑아져서 로켓의 폭발 사고 예방에 도움이 된대.
● 나 폭발 사고가 줄었다는 명확하게 입증된 데이터가 있니?
● 친구 3 음?

그럴듯해 보이는 주장도 이렇게 하나하나 파헤쳐보면 논리적이지 않거나, 논리적이어도 근거가 불확실한 경우가 많습니다. 그런데 신기하게도 그런 주장을 만나면 비판적 사고를 하기가 어려워집니다. 추상적인 표현에 현혹되기 때문이죠. 그러므로 지인에게서, TV에서, 유튜브에서 보고 들은 건강에 좋다는 수많은 식품과 영양제에 의심을 품고 문제를 제기한 적이 없다면 그 내용이 신뢰할 만해서가 아니라 추상적인 주장에 현혹됐기 때문일 가능성이 큽니다. 구체적인 주장은 듣는 사람에게 다음과 같이 대상을 더 구체화하려는 의지가 생기게 하기 때문입니다.

- A ○○ 식품은 우리 몸에 도움이 됩니다. 질병 발생률을 줄여주죠.
- B 어떤 질병의 발생률을 줄여주나요?

- A ○○ 식품이 위암의 발병률을 줄입니다.
- B ○○ 식품이 위암의 발병률을 줄였다는데, 입증된 데이터가 있나요?

- A 네, 위암 발병률을 20% 낮췄다는 데이터가 있습니다.
- B 몇 명을 대상으로 연구한 데이터인가요?

로켓이 발사 후 지구에서 벗어나기까지 10분이 걸리지 않는다고 합니다. 로켓이 지구를 안전하게 탈출하기 위해서는 그 10분 동안 사고 발생 가능성을 최대한으로 낮춰야죠. 우리 몸은 로켓과 같습니다. 여러분은 로켓의 우주 비행사죠. 현대 과학기술로 여러분의 로켓이 지구에서 탈출하는 데 100년 정도 걸립니다. 로켓이 지구에서 안전하게 탈출하려면 그 100년 동안 질병 발생 가능성을 최대한으로 낮춰야 합니다. 친구에게 듣거나 TV에서 본 이야기가 아니라 과학적으로 명백하게 입증된 방법으로 말이죠. 몸에 좋다는 음식을 접하면 다음 세 가지를 항상 기억하세요.

1. **음식의 기능이 구체적으로 표현됐는가?**
2. **그 음식의 기능이 구체적으로 우리 몸의 어떤 문제를 해결해 주는가?**
3. **문제가 해결된 것이 입증됐는가?**

○○ 증상이 있을 땐
△△을 드세요

"피곤할 땐 △△!"

TV 광고와 유튜브에서 많이 들어본 표현이죠. 어릴 적부터 들어온 문장이라 공식처럼 입에 붙은 표현이기도 합니다. 간단명료하게 답을 제시하니 이만큼 속 시원한 명제도 없다 싶습니다. 자, 다음 문제를 풀어보시죠.

운전하던 중 자동차가 갑자기 멈춰 섰습니다. 다음 중 옳은 것은 무엇일까요?

❶ 자동차에 휘발유를 더 넣는다.

❷ 엔진을 교체한다.

❸ 배터리를 교체한다.

❹ 타이어를 교체한다.

정답이 무엇인지 알 수 있을까요? 당연히 알 수 없습니다. 자동차가 왜 멈춰 섰는지 모르니까요. 배터리가 방전됐는데 휘발유를 넣으면 안 되겠죠. 이 문제의 정답은 '자동차가 멈춘 증상의 원인부터 찾는다'입니다. 이 관점에서 '피곤할 땐 △△'는 다음과 같이 바꿔야 맞겠죠.

• **피곤할 땐 피곤하게 만든 원인을 찾는다.**

그렇다면 피곤함을 유발하는 원인에는 무엇이 있는지 알아볼까요? 《내과학 교과서》에서는 피곤함의 원인을 다음과 같이 안내합니다.[7]

● 피곤함의 원인

정신과적 질환, 신경학적 질환, 수면 장애, 호르몬 불균형, 콩팥 질환, 간 질환, 적은 활동량, 영양 결핍, 감염, 비만, 약물, 심장 질환, 폐 질환, 악성종양, 혈액 질환, 면역 질환, 임신, 원인 불명 원인이 아주 많죠. 큰 카테고리가 18가지이니, 카테고리별로 더 찾아보면 피곤함을 유발하는 원인은 100가지가 넘을 겁니다. 느낌이 좀 오나요? 피곤함의 원인을 찾는 일은 생각보다 단순하지 않습니다.

여러분이 피곤하다면 그 원인을 알기 위해서 위의 모든 가능성을 열어두고 과거 병력, 현재 먹는 약과 건강식품, 다른 증상 여부, 신체 징후, 주변 환경, 심리 상태, 수면 상태, 라이프 스타일 등에 대한 정보를 파악한 뒤 가능성을 하나씩 좁혀가야 합니다. 이렇게 증상의 원인을 찾는 과정이 **진료**입니다. 그러므로 진료하지 않은 상태에서, 다시 말해 원인을 찾는 과정을 거치지 않은 상태에서 '피곤할 땐 △△'이라고 주장하면 두 가지 오류에 빠지기 쉽습니다.

첫째, 피곤함의 원인을 파악하지 않고 증상만 나아지게 하려고 하니, 피곤함을 유발한 원인이 있었다는 사실이 가려지죠. 원인을 치료하지 않고 증상만 가리는 셈입니다.

둘째, 누군가 피곤할 땐 간장약을 복용하라고 주장한다 해보죠. 피곤함의 원인에 간 질환만 있다면 이 주장은 타당할 수 있습니다. 그러나 피곤함의 원인에는 간 질환 외에도 17가지가 더 있죠. 이 주장은 피곤함의 원인 18가지 중 간 질환에 해당할 가능성에 베팅하라는 뜻과 같습니다. 바꿔 말해 간 질환이 아닐 가능성, 나머지 17가지 원인에 해당할 가능성은 고려하지 않겠다는 뜻이죠.

사실 여러분은 이미 알고 있습니다. 문제가 발견됐을 때 먼저 그 원인을 알아내는 노력이 무엇보다 중요하다는 것을요. 앞에서 여러분은 자동차에 문제가 생겼을 때 그 원인부터 알아보려 했습니다. 그런데 희한한 점이 하나 있어요. 여러분의 몸에 문제가 생기면 그 원인을 궁금해하고 찾아보려 하지 않는 경향이 있다는 것입니다. 그 이유가 무엇일까요?

컴퓨터게임을 해본 적 있나요? 그 순간을 잠깐 떠올려보죠. 여러분은 지금 모험을 떠나는 게임을 시작했습니다. 주인공 캐릭터에게 다음과 같은 능력치가 주어집니다.

- **생명력 100점 / 체력 100점 / 초능력 100점**
  방어력 100점 / 파워 100점

모험을 계속하다 보면 캐릭터의 능력치가 감소합니다. 그런데 능력치를 회복하는 아이템을 먹으면 능력은 곧바로 회복됩니다. 게임 세계에서는 문제가 생겼을 때 아이템을 찾는 일이 항상 최우선입니다. 아이템을 먹는 것만으로 문제가 완벽하게 해결되기 때문이죠. 문제가 발생해도 원인을 궁금해할 이유가 없습니다.

기력이 떨어질 땐 기력을 올려주는 ○○ 식품

혈액순환이 안 될 땐 혈액순환을 향상하는 ○○ 식품

기억력이 떨어질 땐 기억력을 증진하는 ○○ 식품

면역력이 떨어질 땐 면역력을 올려주는 ○○ 식품

우리 주변에서 흔히 볼 수 있는 표현이죠. 자세히 보면 게임 아이템과 매우 비슷합니다. 문제의 원인을 파악하지 않고 먹기만 하면 문제가 해결되는 듯 말하기 때문이죠. 이런 표현이 자칫 여러분의 몸을 게임 속 캐릭터처럼 생각하게 할 소지가 있습니다.

기력이 떨어진다며 기력을 솟게 하는 영양제 주사를 원하는 남자 F(40세)가 있었습니다. 문제가 생겼을 땐 그 원인부터 파악하는 것이 중요하다고 말하고, 영양제 주사 대신 정밀 검사를 받도록 F를 설득했죠. 검사 결과 F에게 위장관 출혈로 몸에 피가 부족해진 상태, 즉 빈혈이 있는 것이 발견됐습니다. F는 위장관 출혈과 빈혈을 치료한 후, 기력이 정상적인 상태로 회복됐습니다. 만일 F의 요구대로 영양제 주사를 처방했다면 상황은 어떻게 흘러갔을까요? 생각만 해도 아찔합니다. 시간이 흐른 뒤 F에게 물었습니다.

"병원에 처음 오셨을 때 왜 영양제 주사부터 찾았나요?"

"그 주사를 맞으면 기력이 솟는다고 들었거든요."

문제가 생겼는데 원인이 궁금하지 않고 식품이나 영양제가 떠오른다면 지금 게임의 세계에서 빠져나올 필요가 있습니다.

질문을 질문하라

"음식을 골고루 먹는 게 몸에 좋을까요, 편식하는 게 몸에 좋을까요?" 고민할 필요조차 없는 질문이죠. 답이 바로 머릿속에 떠올랐을 겁니다. 그렇다면 이 챕터 끝에서 다시 질문할게요. 그때까지 답을 잠시 보류하세요.

지금까지 설명한 내용의 핵심은 '개념을 구체적으로 정의해야 한다'입니다. 개념을 구체적으로 정의하지 않으면 받아들이는 사람에 따라 같은 개념을 각자의 관점으로 다양하게 해석하기 때문이죠. 철학적인 개념을 다룰 때는 이런 상황이 전혀 문제가 되지 않지만, 건강과 같은 과학적 개념을 다룰 때는 큰 문제가 될 수 있습니다.

예를 들어 간장약은 피로 회복제로 잘 알려져서, 우리는 피로감이 심하면 간장약을 찾습니다. 그러나 피로감을 유발하는 원인은 크게 18가지라고 했죠? 간 때문에 피로해지는 상황은 18가지 중 하나일 뿐이라고요. 피로감이 있으면 그 원인을 파악해야 하는데 간장약부터 먹으려 한다면, 피로감의 원인은 해결하지 못하고 문제만 키우는 상황입니다.

이렇게 하나하나 풀어서 생각하면 피로감을 해결하기 위해 간장약을 찾는 일이 문제가 될 만한 행위임을 바로 알 수 있지만, 제대로 의식하지 않으면 일상에서는 문제가 될 만한 행위로 전혀 느껴지지 않습니다. 왜일까요? 간장약이 피로 회복제라고 각인됐으니까요. 언어가 주는 느낌의 파급력이 그만큼 강력하죠.

어떤 주장이 과학적으로 참인지 거짓인지 판단하려면 그 주장에 포함된 언어가 진실 같은 허구를 제공할 가능성이 항상 있음을 염두에 두고, 언어를 접할 때마다 객관적 관점을 유지하고자 노력해야 합니다. 그 첫 단계가 언어의 개념을 구체적으로 정의하는 일이죠. 다음 주장을 볼까요?

"골고루 먹는 것이 편식하는 것보다 몸에 좋다."

당연한 애기인 듯하죠. 그렇다면 과학적으로 참인지 거짓인지 확인해봅시다. 일단 언어의 개념부터 구체적으로 정의해야겠네요. 그런데 이를 어쩌죠? 골고루 먹는 것과 편식을 정의해야 하는데, 골고루 먹는 것과 편식을 구체적으로 정의한 적이 없습니다. 사람마다 편식과 골고루 먹는 것의 정의가 다른 상황이죠. 누군가는 반찬 세 가지 먹는 것을 편식이라 생각하고, 누군가는 골고루 먹는다고 생각할 거예요.

이런 상황에서 '골고루 먹는 것이 편식하는 것보다 몸에 좋다'고 주장할 수 있을까요? 당연히 불가능합니다. 골고루 먹기와 편식을 구체적으로 정의하기 전에 이는 추상적인 개념에 불과하니까요. 그렇다면 우리끼리 한번 정의해보죠.

- 편식 = 음식을 한 가지만 먹는 경우
- 골고루 먹기 = 음식을 세 가지 이상 먹는 경우

자, 이제 '골고루 먹는 게 편식하는 것보다 몸에 좋다'고 주장할 수 있나요? 과학적으로 참이라면 그 내용이 모든 상황에서 적용될 수 있어야 합니다. '질량이 있는 모든 물체에는 서로 끌어당기는 힘이 작용한다'라는 만유인력의법칙처럼요. 그렇다면 음식을 한 가지만 먹기보다 세 가지 이상 먹는 게 좋다는 주장이 모든 사람에게 적용된다고 할 수 있을까요?

그렇지 않습니다. 예외 사항이 존재하거든요. 고도비만이라 당장 살을 빼야 하는 사람이 바로 여기에 해당합니다. 이들에게 닭가슴살만 주는 경우와 세 가지 음식(단백질, 탄수화물, 지방)을 모두 주는 경우, 어느 경우가 건강에 더 유익할까요?

선뜻 대답 못 하겠죠. 편식과 골고루 먹기를 추상적인 개념으로 대하면, 뭉뚱그려서 막연하게 골고루 먹기가 더 좋다고 할 수 있습니다. 그러나 편식을 음식 한 가지라고 명확하게 정의한 순간, 고도비만인 사람에게는 다르게 적용될 수 있는 예외 사항이 떠오르기 시작하죠. 예외 사항이 존재하면 모두에게 적용되지 않아 과학적으로 참이라고 결론짓기 어렵습니다.

여기서 범위를 좁혀보죠. 고도비만인 사람을 제외하면 '음식을 세 가지 이상 먹는 게 한 가지를 먹는 것보다 좋다'라는 주장은 과학적으로 참이라 결론지을 수 있을까요? 처음보다 가능성이 높아졌지만 아직 부족합니다. '한 가지 음식'이라는 단어도 구체적인 정의가 필요한 추상적 개념이잖아요. 예외 사항이 충분히 발생할 수 있겠죠.

예를 들어 비빔밥은 한 가지 음식인가요? 짜장면은? 잔치국수는? 김밥은? 샌드위치는? 한 가지 음식이라는 명확한 형태가 정해져 있지 않죠. 그렇다면 편식과 골고루 먹기 중에 무엇이 더 건강에 유익하다고 명확하게 주장할 수 없습니다. 일관되게 비교할 수 없으니까요.

범위를 더 좁혀봅시다. 라면만 먹는 경우를 편식이라고 할게요. 그런데 라면에도 종류가 다양하잖아요. 일단 필수영양소가 모두 포함되고, 포화지방산 같은 유해한 성분이 빠진 웰빙 라면을 '라면'이라고 정의해보겠습니다. 이 경우 라면 하나를 먹는 것과 음식을 세 가지 이상 먹는 것 중에 무엇이 더 건강에 유익할까요?

여기서 한 가지 개념을 더 구체화할게요. 건강에 유익하다는 표현도 추상적 개념이죠. 그래서 편식하는 그룹과 골고루 먹는 그룹의 혈압, 혈당, 콜레스테롤 상태를 체크하기로 했습니다. 이를 통해 '건강에 유익하다'라는 개념을 '고혈압과 당뇨, 고지혈증 발병률이 낮다'로 정의하겠습니다. 그리고 앞 챕터에서 심혈관·뇌혈관 질환의 핵심 요인은 고혈압과 당뇨, 고지혈증이라고 했잖아요. 그러므로 '건강에 유익하다'에 '심혈관·뇌혈관 질환이 생길 확률이 낮다'라는 개념도 추가하겠습니다. 이렇게 해서 구체화한 질문은 다음과 같이 바꿀 수 있습니다.

"필수영양소가 모두 포함되고 유해한 성분이 빠진 라면을 먹는 경우(편식)와 음식을 세 가지 이상 먹는 경우(골고루 먹기) 중에 어느 경우에

고혈압과 당뇨, 고지혈증, 심혈관·뇌혈관 질환 발병률이 더 낮을까요?"

대답하기가 생각보다 쉽지 않죠? 원래 그렇습니다. 질문에 포함된 개념을 구체화할수록 대답하기 어렵죠. 구체적인 데이터를 정확히 알아야 답할 수 있을 테니까요. 다시 말해 라면과 음식을 세 가지 이상 먹었을 때 각 그룹의 심혈관·뇌혈관 질환, 고혈압, 당뇨, 고지혈증 발병률 데이터를 알아야 비교할 수 있죠.

이 챕터 첫 부분의 질문을 다시 할게요.

"음식을 골고루 먹는 게 몸에 좋을까요, 편식하는 게 몸에 좋을까요?"

느낌으로 대답하면 매우 쉬운 질문입니다. 골고루 먹기는 좋은 일, 편식은 나쁜 일이라는 것이 우리에게 인지된 느낌이니까요. 아이러니하게도 이 질문과 위의 구체화한 질문은 같은 뜻입니다. 개념이 구체적인지, 추상적인지가 다를 뿐이죠. 여기서 매우 흥미로운 점을 발견할 수 있습니다.

같은 질문이라도 구체적으로 물어보면 대답하기 어렵고, 추상적으로 물어보면 대답하기가 쉽죠. 구체적으로 물어보면 구체적인 데이터를 확인해야 대답할 수 있고, 추상적으로 물어보면 머릿속에 언어로 각인된 느낌으로 대답해도 되기 때문입니다.

그러므로 항상 질문에 대해 구체적인 관점으로 다시 한번 질문하는 것이 중요합니다. 그래야 단순히 언어적인 느낌이 아니라 실질적인 지식으로 답변할 수 있기 때문입니다.

그 과정을 통해 내가 아는 지식이 참인지 거짓인지 구분할 수 있습니다.

혈액순환제의 비밀

언어가 주는 느낌의 파급력 때문에 잘못된 지식을 진실처럼 받아들이는 대표적인 사례가 혈액순환제입니다. 지금부터 그 비밀을 하나씩 파헤쳐보겠습니다.

혈액순환제

많은 사람이 손발이 저리거나 찰 때 보통 이렇게 얘기하죠. "혈액순환이 안 되는 것 같네. 혈액순환제 좀 먹어야겠다."

혈액순환제라고 하면 왠지 끈적끈적한 피를 맑게 하고, 피가 잘 통하게 해줄 것 같습니다. 혈액순환제를 먹으면 혈액순환이 안 되는 느낌이 해결될 듯싶죠. 소화가 안 될 때 소화제를 먹는 것처럼요. 혈액순환제의 기능은 여러 매체에서 자주 안내하고, 주변에서도 흔히 들을 수 있습니다. 그래서 위의 대사는 전혀 어색하지 않게 느껴집니다. 그런데 자세히 보면 위의 대사는 다음 대사와 논리가 비슷합니다.

"심장이 안 뛰나 봐. 심장 잘 뛰게 해주는 영양제 좀 먹어야겠다."

자연스러운가요? 아니죠. 뭔가 어색합니다. 몸에 심각한 문제가 생겼는데, 대처하는 태도는 매우 안이하기 때문입니다. 심장이 안 뛰는 상태, 즉 심장마비는 즉사로 이어질 수 있기에 빨리 심폐 소생술을 해야 합니다. 그리고 심장마비를 일으킨 원인을 바로 찾아서 교정해야죠. 이런 상황에서 영양제를 찾는 사람은 없습니다.

그러나 심장이 안 뛰는 상황을 심장이 피곤해져서 생긴 단순한 문제로 간주했다면 어떨까요? 그땐 자연스럽게 심장의 피로에 좋은 영양제를 찾으려 할 겁니다.

"심장이 안 뛰는 것 같네. 심장이 피곤한가 보다. 피로를 회복하는 영양제 좀 먹어야겠다."

여기서 포인트는 심장이 안 뛰는 객관적인 상황을 '피곤한가 보다'라는 단순한 상상으로 원인을 추정했다는 점입니다. 그런데 그렇게 되면 심장의 피로를 회복시키는 약의 존재가 애매해집니다. 가짜 개념을 치료하는 약이 됐으니까요.

- **심장마비의 가장 흔한 원인 = 심근경색(심혈관이 막혀서 심장 조직이 괴사한 경우)[8]**

여러분이 위의 지식을 알고 있는데 심장이 뛰지 않는 상황을 마주했다면, 곧바로 응급처치를 하고 원인을 해결하기 위해 심혈관이 막힌 것은 아닌지 들여다봤을 것입니다. 그러나 위의 지식을 모르는 상태라면, 심장이 뛰지 않는 원인을 잘 모르니 상상하겠죠. 상상이 개입하는 순간, 과학의 영역에서 벗어납니다.

혈액순환이란 심장이 펌핑한 혈액이 혈관을 통해 온몸의 조직을 돌고 돌아 다시 심장으로 오는 과정입니다. 말 그대로 혈액이 순환한 것이죠. 여기서 혈액이 조직으로 가는 중요한 목적이 산소와 영양분을 공급하기 위해서입니다. 그러므로 혈액순환이 안 된다는 것은 조직에 산소와 영양분이 전달되지 않는다는 뜻이죠. 사람이 숨을 못 쉬고 밥을 먹지 못하면 어떻게 되나요? 죽죠. 조직도 산소와 영양분을 받지 못하면 죽습니다. 이를 의학 용어로 괴사라고 합니다.[9] 쉽게 말해서 피가 통하지 않으면 조직이 썩죠.

심장 조직이 혈액순환이 안 되면 괴사해서 심장마비를 일으킵니다. 뇌 조직이 혈액순환이 안 되면 괴사해서 팔다리 마비를 일으킵니다. 팔다리 근육조직이 혈액순환이 안 되면 썩어 괴사합니다.

혈액순환이 안 되는 것 역시 심장마비처럼 위급한 상황입니다. 긴급하게 전문적인 치료를 통해서 그 상황을 반드시 해결해야죠. 소화가 안 돼서 소화제를 먹는 수준의 문제가 아니라는 뜻입니다. 그러므로 "혈액순환이 안 돼서 혈액순환제를 먹어야겠다"는 말은 앞뒤가 전혀 맞지 않습니다. 심장마비인데 영양제를 찾는 것과 같은 상황이죠. 혈액순환이 안 되는 원인과 그에 따른 결과를 과학적으로 알아보지 않고 머릿속에서 상상했기 때문입니다. 그런데 상상하면 혈액순환제의 존재가 매우 애매해지겠죠. 가짜 개념을 치료하는 약이 되기 때문입니다.

여러분은 왜 이런 가짜 개념을 상상했을까요? 그 이유는 다음과 같이 추정해볼 수 있습니다.

'혈액순환이 잘되게 도와주는 영양제'라는 표현을 어디선가 듣는다.

→ 머릿속에 언어가 주는 느낌이 각인된다.

→ 혈액순환이 안 되는 상황을 영양제로 해결할 수 있다고 생각한다.

→ 그러므로 혈액순환이 안 되는 상황은 별문제가 아니다.

막힌 혈관을 뚫어주는 식품

다리의 혈관이 60% 정도 좁아진 상태를 가정해봅시다. 완전히 막힌 것은 아니기에 혈액순환이 그럭저럭 잘되고 있습니다. 조직이 괴사할 리는 없죠. 그러나 혈관이 좁아졌기 때문에 상대적으로 다리로 공급되는 혈액량이 줄어든 상태입니다. 이 때문에 간헐적으로 불편감이 유발된다고 해보죠. 한 마디로 혈액순환이 썩 잘 안 되는 상황입니다. 여기서 사람 1이 주장합니다.

- 사람 1 "응급 상황이면 당연히 병원에 가겠죠. 그러나 응급 상황이 아니라면 ○○ 식품을 장기간 복용해서 좁아진 혈관을 오랜 시간에 걸쳐 뚫어주면 되잖아요."

설득력 있어 보이는 주장입니다. 그러나 이 주장에도 결정적인 맹점이 있죠. 혈관이 갑자기 60% 가까이 좁아진 원인을 알아보지 않았기 때문입니다.

배수관이 막혔다고 해보죠. 막힌 배수관을 뚫기 위해서는 기름 찌꺼기가 막고 있는지, 엉킨 머리카락이 막고 있는지, 돌멩이가 막고 있는지, 외부 압력으로 배수관이 눌렸는지 원인을 아는 것이 먼저입니다. 막고 있는 정체에 따라 배수관에 투입해야 할 물질이 달라질 테니까요. 배수관을 막고 있는 정체와 상관없이 무엇이든 뚫어버리는 물질을 투입한다면 어떤 일이 벌어질까요? 배수관마저 뚫려버릴 가능성이 존재하겠죠. 그러므로 배수관을 막고 있는 정체를 모르는 상태에서 배수관을 뚫는다고 말하는 자체가 어불성설입니다.

팔다리 혈관이 좁아진 상황도 마찬가지죠. 혈관 협착을 유발하는 원인에는 다음과 같이 여러 가지가 있습니다.[10·11]

- 기름 찌꺼기가 낀 경우 : 죽상경화반
- 혈액 찌꺼기가 생긴 경우 : 혈전
- 혈관 내부 조직이 비대해진 경우 : 섬유 근육 형성 이상
- 혈관이 수축한 경우 : 레이노이드 현상
- 혈관이 근육에 눌린 경우 : 슬와동맥 포착증후군
- 혈관이 염증이나 종양에 눌린 경우 : 림프부종

이와 같다면 혈관이 좁아지게 한 정체를 모르는 상태에서 무엇이든 뚫어주는 물질을 투여한다는 자체가 어불성설입니다. 정체를 모르는데 무엇이든 뚫는다면 혈관도 뚫릴 가능성이 있음을 감안해야 하기 때문이죠. 혈관이 좁아진 것 같다는 판단이 들었다면, 먼저 '왜 이런 일이 생겼는지' 알아내야 합니다. 각각의 원

인에 따라 치료가 달라질 테니까요. 그러므로 막힌 혈관을 뚫어주는 식품은 논리적인 흐름상 모순투성이입니다. 여기서 사람 2가 주장합니다.

- 사람 2 "그 정도는 알죠. 모든 건강식품이 막무가내로 혈관을 뚫어준다는 건 아니에요. 정확히 혈전(혈액 찌꺼기)을 녹여준다고 알려진 식품도 많아요. 혈전 때문에 혈관이 막힌 경우라면 이런 식품을 먹으면 되는 거 아닌가요?"

충분히 일리 있는 주장입니다. 그런데 내과나 신경과 전문의가 이 주장을 듣는다면 기겁할 가능성이 큽니다. 그 이유를 설명해볼게요.

심혈관이 막혀서 심장 조직이 괴사하는 경우를 심근경색, 뇌혈관이 막혀서 뇌 조직이 괴사하는 경우를 뇌경색이라고 합니다. 대부분 혈전으로 막히기 때문에 심근경색이나 뇌경색이 발생했다면 응급으로 혈전을 녹여주는 약물(혈전 용해제)이 투여해야죠. 그런데 투약을 진행하기 전에 반드시 해야 할 일이 있습니다. 환자와 보호자에게 약물의 부작용 가능성을 설명하는 것이죠. 약물 때문에 출혈이 발생할 수 있고, 정도가 심할 경우 사망할 수도 있다고 말이죠.

실제로 뇌경색을 치료하기 위해 혈전 용해제 투여 시 약 6%에서 뇌출혈이 발생한다는 데이터가 있습니다.[12] 매우 아이러니한 상황이죠. 혈전을 녹이려고 투여한 약물이 오히려 출혈을 일으킬 수 있다니요. 내과나 신경과 전문의가 기겁할지도 모른다고 한 이유가 바로 이것입니다. 혈전 용해제가 너무나 위험한 약이기 때문이죠. 이때 사람 3이 반론합니다.

● 사람 3 "그건 병원에서 쓰는 전문의약품이잖아요. 제가 얘기하는 건 약이 아니라 식품이에요."

많은 분이 크게 오해하는 개념이 바로 혈전입니다. 여러 언론 매체를 통해 혈전 때문에 혈관이 막힌다는 내용을 들어온 분이라면, 혈전에 대해 좋지 않은 이미지가 있을 수밖에 없습니다. 그런데 사실 혈전은 생명을 유지하는 데 매우 중요한 역할을 합니다.

칼에 손을 베이면 피가 나죠. 시간이 흐르면 피가 멈추고 피딱지가 생깁니다. 이 피딱지가 혈전입니다. 혈전은 우리 몸에 상처가 나서 피가 흐를 경우, 출혈 부위를 땜질해서 피가 멎게 합니다. 다시 말해 출혈에 대한 방어 기능을 하죠.[13] 그렇다면 다음 상황이 충분히 가능하지 않을까요?

여러분의 다리가 혈액순환이 잘 안 되는 것 같습니다. 그래서 한 달 전부터 혈전을 녹여주는 식품 A를 사서 먹고 있죠. 어느 날 갑자기 경미한 어지러움이 나타났습니다. 미세한 뇌혈관이 터져서 출혈이 발생한 거예요. 다행히 그 양이 적었고, 혈전이 바로 생겨서 출혈 부위를 땜질해줬습니다. 그런데 여러분은 계속 A를 복용 중이에요. 혈액으로 흡수된 A는 몸을 순환합니다. 당연히 뇌혈관으로도 가죠.

바로 이때 식품 A는 모순적인 상황을 마주합니다. 여러분이 A를 복용한 본래 목적은 다리에 생겼을지도 모르는 불필요한 혈전을 녹이기 위함인데, 터진 뇌혈관을 땜질하는 혈전마저 녹이는 상황이 되기 때문이죠. 그러면 어떻게 될까요? 땜질한 부위가 뚫려서 뇌출혈이 다시 발생하겠죠.

다시 전문의약품 혈전 용해제 얘기를 하자면, 뇌혈관이나 심혈관이 혈전으로 막혀서 빨리 뚫어야 하는 상황이라도 최근에 뇌출혈이 발생한 사람에겐 혈전 용해제를 투여하지 말도록 권고합니다. 생명을 구하려고 투여한 혈전 용해제가 오히려 뇌출혈을 다시 일으켜서 더 빨리 죽게 만들 수 있기 때문이죠. 그런 위험성은 고령일수록 큰 것으로 알려져 있어요.[14]

무슨 말인지 아시겠죠. 여러분이 복용하는 것이 전문의약품이든, 영양제든, 식품이든 중요하지 않아요. 혈전을 녹이는 기능 자체가 위험한 일이라는 뜻입니다. 혈전의 존재 목적이 피가 나는 걸 막아주는 것이기 때문이죠.

흥미로운 사실 하나 알려드릴까요? 여러분은 이제 혈전을 녹여준다는 이 식품이 진짜인지, 가짜인지 감별할 가장 확실한 방법을 알게 된 것과 같습니다. 그 식품을 먹고 나서 출혈이 일어난 사례가 있었는지 확인해보는 것입니다. 출혈은 혈전이 제대로 녹았다는 가장 명확한 근거이기 때문이죠. 그런데 여러분…

어떤 식품이 혈전을 녹여서 혈액순환을 도와주는데, 그 식품 때문에 출혈도 발생할 수 있다면 여러분은 그 식품을 드시겠어요?

수많은 사람이 그 식품을 먹었지만, 어떤 출혈 부작용도 생기지 않은 안전한 식품이라고요? 그것은 그 식품이 혈전을 제대로 녹였다는 가장 명확한 근거가 아직 없다는 뜻이기도 합니다. 더 흥미로운 사실은 지금까지 말씀드린 내용이 혈관이 아니라 배수관 얘기였다면 여러분은 충분히 합리적 의심을 하고도 남았으리라는 거죠.

"이 액체만 넣으면 막힌 배수관이 다 뚫린대."

→ '배수관이 왜 막혔는지 모르는데 어떻게 다 뚫리지?'

"이 액체만 넣으면 배수관 찌꺼기가 싹 녹아버린대."

→ '배수관까지 녹으면' 어떡하지?'

그러나 막힌 혈관을 뚫어주는 식품, 혈전을 녹여주는 식품… 이렇게 '식품'이라는 표현으로 들으면 식품으로 해결할 수 있는 문제라고 생각하기 때문에, 그 언어적인 느낌이 각인되기 때문에 혈관을 뚫어주고 혈전을 녹여주는 상황이 별문제가 아니라는 결론에 다다르죠. 여기서 사람 4가 다시 반론합니다.

혈전을 예방해주는 식품

- 사람 4 "저는 혈전을 녹이려고 식품을 먹는 게 아니에요. 그냥 혈관이 막히지 말라고 예방 차원에서 먹는 거죠."

여러분은 지금 아프리카 초원에 있습니다. 산책 중 우연히 이쁜 사슴을 발견했죠. 그런데 자세히 보니 사슴이 사자에게 잡아먹히기 직전입니다. 이 장면을 본 누구라도 사슴을 구해주고 싶은 마음이 들겠죠. 여러분이 직접 개입하기로 마음먹습니다. 사슴이 도망갈 수 있게 나쁜 사자를 총으로 쏴서 죽이자고요.

여러분이 이런 광경을 볼 때마다 사자를 죽여서 사슴이 도망

갈 수 있게 해준다면 어떤 일이 벌어질까요? 사슴의 개체 수가 너무 많아져 식물을 닥치는 대로 뜯어 먹을 테고, 결국 전체 식물의 수가 줄어 토지가 황폐해집니다. 생태계의 평형이 깨지죠.

여러분이 진심으로 지구의 건강을 원한다면 개입해선 안 됩니다. 사자가 사슴을 잡아먹는 자체가 생태계의 평형, 건강한 지구의 상태이기 때문입니다. 사자는 나쁜 존재가 아니에요. 그냥 사자입니다. 생태계의 평형을 위해 사슴의 개체 수를 조절하는 포식자 역할을 할 뿐이죠.

자, 이제 혈전 얘기를 해볼게요. 우리 몸에는 혈전을 만드는 응고 시스템과 혈전이 생기지 않게 하는 항응고 시스템이 있습니다. 혈전은 출혈에 대한 방어 시스템이라고 했어요. 응고 시스템이 강해지면 혈전 생성량이 필요 이상으로 많아져서 혈전 관련 질환이 발생합니다. 반대로 항응고 시스템이 강해지면 혈전이 생기지 않아 출혈 관련 질환이 발생합니다.[15]

혈전을 생기지 않게 만든다는 것은 항응고 시스템을 강하게 만든다는 뜻이에요. 그러면 어떻게 될까요? 당연히 출혈 위험성이 높아집니다. 지금까지 여러분의 몸에 혈전이나 출혈 관련 질환이 생기지 않았다는 것은 응고 시스템과 항응고 시스템이 평형을 이룬다는 뜻입니다. 생태계가 평형을 이루는 것처럼요.

제가 무슨 얘기를 하려는지 아시겠죠? 혈전은 나쁜 존재가 아니에요. 그냥 혈전입니다. 피가 나면 피딱지로, 응고 시스템으로, 방어 시스템으로 출혈을 땜질하는 역할을 할 뿐이죠. 사자가 자연에서 포식자로서 역할을 하는 것처럼요.

사자가 사라지면 생태계의 평형이 깨져서 토지가 황폐해질 가능성이 커지듯이, 혈전이 사라지면 생명체의 평형 상태가 깨져서 출혈 경향이 증가합니다. 이 모든 오해는 여러분이 생태계의 평형, 생명체의 평형에 대한 관점을 배제한 상태에서 특정 사건과 사고를 바라봤기 때문입니다.

어느 날 사자 무리가 나타나 사슴을 마구 잡아먹었다고 해보죠. 사슴 개체 수가 줄기 시작합니다. 이 상황만 보면 사자가 문제를 일으키고 있으니 나쁜 동물이라는 인식이 생길 수밖에 없죠. 그러나 사실 사자는 여전히 포식자로서 역할을 할 뿐이에요.

생각해 보세요. 이 장면에서 진짜 문제가 사자에게 있나요? 아닙니다. 생태계의 평형 관점에서는 갑자기 사자 무리가 사슴 서식지에 나타난 까닭이 진짜 문제죠. 생태계에서 최상위 포식자는 소수여야 하는데, 다수의 사자 무리가 나타났다는 자체가 평형이 깨진 상태니까요. 그렇다면 왜 이런 상황이 유발됐는지 생각해봐야 합니다. 다시 말해 평형 상태가 깨진 원인을 조사해보는 것이 본질적인 접근인 것이죠.

그 원인을 찾다 보니 사람들이 건물을 짓는 바람에 사자의 서식지가 사라졌고, 사자 무리가 사슴 서식지로 올 수밖에 없었음이 밝혀졌습니다. 자, 여전히 사자에게 문제가 있어 보이나요? 사자를 없애면 이 문제가 해결될까요? 아니죠. 근본적인 문제는 생태계의 평형을 깨뜨린 사람들에게 있으니까요. 그렇다면 이제 답이 보이기 시작할 겁니다. 안정적인 생태계를 유지하기 위해서는 사자의 서식지를 없애는 사람들의 행동부터 막아야 한다는 것을요.

물론 사자를 죽이거나 강제로 이동시켜서 그 수를 인위적으로 조절할 필요가 있을 때도 있습니다. 그게 언제일까요? 사자들이 사슴을 너무 많이 잡아먹는 바람에 사슴이 멸종되기 직전일 땐 응급처치로 그렇게 해야죠. 이 타이밍에는 사자를 죽이는 일이 개체 수의 평형을 맞추는 방법이기 때문입니다. 그러나 사람의 손이 닿지 않는 자연에서 사자가 사슴을 잡아먹는 모습이 관찰된다면 그대로 둬야 합니다. 그 상태가 자연이 스스로 평형을 이루는 모습이기 때문이죠.

다시 혈전 얘기를 해볼게요. 혈전은 출혈에 대한 방어 시스템으로, 피가 더 나지 않게 막아주는 역할을 하죠. 평소 여러분의 몸에 혈전이나 출혈이 생기지 않는 까닭은 응고 시스템과 항응고 시스템이 평형을 이루기 때문입니다.

어느 날 피가 나지도 않았는데 갑자기 혈전이 발생했고, 혈전 때문에 혈관이 막힐 위험에 처했습니다. 이 상황만 보면 혈전이 문제를 일으키고 있으니 혈전은 나쁜 존재라는 인식이 생길 수밖에 없죠. 그러나 마찬가지입니다. 혈전은 여전히 출혈을 땜질하는 피딱지 역할을 할 뿐이에요.

생각해보세요. 이 상황에서 진짜 문제가 혈전에 있나요? 아닙니다. 생명체의 평형 관점에서는 출혈이 발생하지도 않았는데 갑자기 혈전이 나타난 상황의 원인이 진짜 문제죠. 혈전이 생길 까닭이 없는데 생겼다는 자체가 응고 시스템과 항응고 시스템의 평형이 깨졌다는 의미입니다. 그렇다면 왜 평형이 깨졌는지부터 생각해봐야겠죠. 이게 더 본질적인 문제니까요.

그 원인을 찾다 보니 혈관에 '죽상경화반'이 생겼다는 것을 알았어요. 죽상경화반은 기름 찌꺼기가 혈관 벽에 쌓여 굳은 상태를 말합니다. 그러면서 자신도 혈관 벽의 일부처럼 행세하죠. 문제는 죽상경화반의 벽이 굉장히 약해서 잘 터진다는 점입니다. 그 벽이 터지면 우리 몸은 피가 난 것으로 잘못 인식합니다. 터진 부위를 땜질하기 위해 혈전이 달려들다 보니 혈관이 막히는 상황으로 이어지죠.

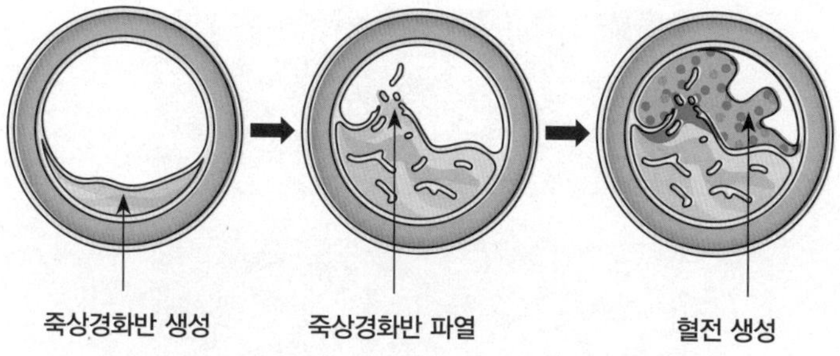

다시 말해 죽상경화반으로 응고 시스템과 항응고 시스템의 평형이 깨져서 혈전이 생길 수밖에 없는 환경이 만들어진 것입니다. 이제 답이 보이기 시작하죠? 안정적인 혈관 상태를 유지하기 위해서는 응고 시스템과 항응고 시스템의 평형을 깨뜨리는 주범인 죽상경화반이 생기지 않게 예방하는 것이 본질적인 접근입니다.

물론 혈관에 죽상경화반이 이미 생긴 상태라면, 이때는 인위적으로라도 혈전이 생기지 않게 해야 합니다. 이 부위에서는 혈전이 생기지 않게 하는 것이 응고 시스템과 항응고 시스템의 평형을 맞추는 일이기 때문이죠. 그러나 혈관에 죽상경화반이 없는 상태라면 혈전은 그대로 둬야 합니다. 죽상경화반이 없는 상태가 평형을 이루는 상태고, 혈전을 예방하는 행위가 오히려 평형을 깨뜨리는 행위니까요.

아스피린은 혈전이 생기지 않게 예방하는 대표적인 약이에요.

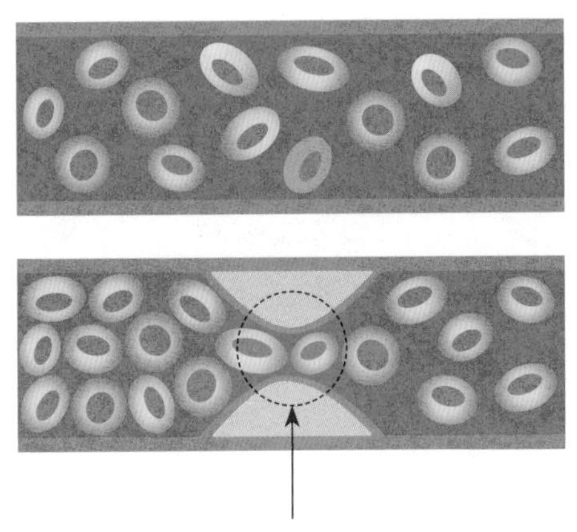

20여 년 전만 해도 혈관에 죽상경화반이 없는 상태임에도 아스피린을 복용하는 일이 매우 많았습니다. 혈전은 나쁜 존재라는 인식이 강해서 혈전을 없애는 데 초점이 맞춰졌기 때문이죠. 그런데 연구를 해보니 혈전은 둘째치고, 출혈이 심하게 발생해서 이득보다 해가 크다는 결과가 나온 것입니다.[16·17] 이후 미국심장학회는 혈관 질환 위험 요인이 없는 사람이 단순히 혈전 예방을 위해 아스피린 복용하는 것을 삼가도록 권고하죠.[18]

"아스피린은 전문의약품이잖아요. 제가 얘기하는 건 약이 아니라 식품이라고요. 혈전을 예방하는 식품!"

이런 생각이 들었다면 아직 생태계의 평형, 생명체의 평형 개념을 완벽하게 받아들이지 못한 것과 같습니다. 사자를 총으로 쏴서 죽이든, 굶어 죽게 하든 수단은 중요하지 않죠. 개체 수가 줄어드는 자체가 평형을 깨뜨리는 일이니까요. 혈전도 마찬가지입니다.

혈전을 없애려 하지 말고 평형을 이루세요.

건강식품의 효과
과학적으로 판단하는 법

의학 정보 수학적으로 판단하기

여러분은 어디선가 영양제 A가 심혈관 질환 예방에 좋다는 얘기를 듣습니다. 호기심이 생긴 여러분은 그 말이 진짜인지 확인하려고 이 영양제를 복용한 후 심혈관 질환 발병이 감소했다는 연구 데이터가 있는지 찾아보죠. 인터넷에 영양제 A를 검색하니 수만 개가 넘는 연구 데이터가 나옵니다. 첫 번째 좌절의 순간이죠.

이번엔 영양제 A에 대한 전문가의 의견이 궁금해 TV와 유튜브 채널을 검색합니다. 매우 권위 있어 보이는 의료 전문가가 하얀 가운을 입고 연구 데이터를 인용해 영양제 A의 효과를 설명합니다. 설득되지 않을 수 없죠. 마침 TV 채널을 돌리니 영양제 A 광고가 나오네요. 여러분은 과학적 사고의 끈을 놓게 됩니다. 구매 버튼을 누르는 일만 남았죠. 상당수 사람이 이런 과정을 겪습니다. 아주 흔한 패턴이죠.

간혹 이런 분도 있습니다. 전문가 한두 명의 의견으로는 확신이 서지 않아 더 많은 전문가의 의견을 찾아봅니다. 그러다 충격을 받죠. 왜냐고요? 전문가마다 의견이 다르기 때문입니다. 누구는 효과 좋다고 극찬하고, 누구는 효과가 없다고 비판하죠. 두 번째 좌절의 순간입니다. 전문가마다 의견이 다른 것은 전문가마다 다른 연구 데이터를 근거로 주장하기 때문입니다. 난감한 순간이 아닐 수 없죠. 저마다 자기가 맞다는데, 도대체 누구의 말을 들어야 할까요?

- 전문가 1 "영양제 A는 심혈관 질환 예방 효과가 있습니다."
- 전문가 2 "영양제 A는 심혈관 질환 예방 효과가 불분명합니다."

두 의료 전문가가 하나의 주제에 서로 다른 주장을 합니다. 어떻게 이런 일이 발생할까요? 전문가 1과 2는 학교에서 같은 내용을 배웠고 같은 트레이닝을 받았으며 같은 면허증이 있는데, 왜 서로 다른 이야기를 할까요? 이유는 단순합니다. 전문가 1과

2가 학교에 다닐 때 배운 내용이 아니라 새로 나온 지식이라, 영양제 A에 대해 서로 다르게 해석하는 상황입니다. 여기서 반드시 짚고 넘어가야 할 점이 있어요. **어느 분야의 전문가라고 해서 새로운 데이터를 해석하는 능력까지 전문가는 아니라는 것이죠.**

예를 들어 의사와 약사는 의료 분야 전문가지만, 새로운 의학 지식에 대한 연구 데이터가 나왔을 때 참인지 거짓인지 명백하게 구분할 능력까지 갖춘 것은 아니에요. 데이터를 해석하는 능력은 통계학의 영역이기 때문입니다. 통계학은 의료인이 되는 과정에서 필수과목이 아니라, 개별적으로 배우는 선택과목이죠. 저도 서른두 살에 내과 전문의가 됐지만, 통계학을 제대로 공부하기 시작한 것은 서른일곱 살 무렵입니다. 단지 개인적인 이유에서요. 개인적인 이유가 없었다면 당연히 공부하지 않았을 겁니다.

다시 말해 통계학에 달인인 의료인도 있고, 전혀 문외한인 의료인도 있습니다. 그러므로 하나의 주제에 대해 전문가마다 서로 다른 주장을 한다면, 의견이 다르기보다 한쪽 전문가가 잘못된 해석을 할 가능성이 높다고 할 수 있습니다. 통계학에 대한 지식을 개별적으로 습득했기 때문이죠. 여기서 저는 여러분에게 본질적인 조언을 하고 싶어요. **여러분이 직접 데이터를 해석할 수 있게 능력을 길러보라는 겁니다.**

그렇게 할 수 있다면 특정 영양제에 대해 전문가마다 의견이 달라도 혼란스러워할 이유가 전혀 없습니다. 전문가가 인용하는 근거를 보고 누가 더 높은 수준의 근거를 제시하는지, 누가 더 근거에 맞는 해석을 하는지 보면 되기 때문이죠. 그러려면 연구 데이터를 어떻게 해석하는지, 어떤 연구 데이터가 높은 수준의 근거인지 알아야 합니다. 지금부터 아주 쉽게 설명할 테니 천천히 따라오시면 됩니다.

임상 연구란 특정 치료 행위가 인간에게 정말로 치료 효과를 유발하는지 인과관계를 입증하는 연구입니다. 임상 연구에는 생체 외 연구, 동물실험, 증례 보고, 관찰 연구, 무작위 비교 연구, 메타 분석 연구 등 여러 가지 종류가 있어요. 여기서 중요한 포인트는 각 연구에서 나타난 결과가 의미하는 바가 각기 다르다는 겁니다. 통계학에서는 각 연구의 근거 수준을 다음과 같이 등급화했어요.[19·20]

근거 수준을 등급화했다는 것은 각 근거를 수학적으로 비교할 수 있다는 뜻입니다. 뭔가 어렵고 난해해 보이지만, 내용을 알면 전혀 그렇지 않습니다. 걱정 말고 천천히 따라오세요.

생체 외 연구In Vitro Study

친구 1이 얘기합니다. **"영양제 A가 혈관의 기름기를 다 녹여준다**

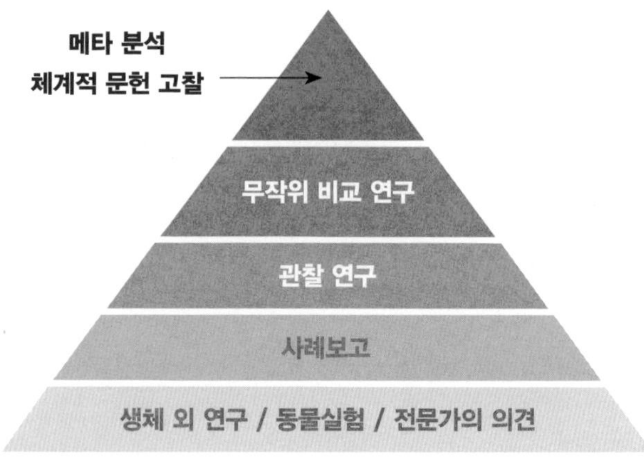

근거 수준

고 밝혀졌대."

대다수의 경우 여기서 대화가 끝납니다. 연구에서 밝혀졌다니 질문할 거리가 없잖아요. 그런데 한 번 더 질문하면 상황이 뒤바뀔 수 있습니다. 이렇게 말이죠. **"어떤 연구에서 입증된 거야?"**

그러자 친구 1이 영양제 A에 관한 연구 데이터 기사를 여러분에게 보여줍니다. 내용을 읽어보니 다음과 같았죠.

> 하버드대학교 연구 팀이 혈관 조직과 영양제 A를 비커에 함께 투여하니 혈관 조직의 일부 기름기가 감소한 것을 발견했다고 보고했다. 이제 동물실험을 해볼 예정이다.

생체 외 연구란 약의 효과를 알아보기 위해 시험관에서 먼저 테스트하는 연구를 말합니다. 아직 생명체에는 투여된 적이 없는 연구 데이터죠. 그렇다면 다음 질문은 당연히 이것이 돼야 합니다. **"생명체에 투여한 연구는 없니?"**

그런 연구가 아직 없다면 영양제 A는 사람 몸에서 이로운 효과를 주장하기에 합당한 근거가 될 수 없겠죠. 그렇기에 생체 외 연구는 앞의 근거 수준 그림에서 연구 근거 중 가장 낮은 수준에 있습니다. 이 부분에서 다음과 같은 의문이 드는 분도 있을 거예요. '설마 고작 비커에서 테스트한 정보만 가지고 그 영양제가 효과 있다고 주장하는 경우가 있을까?'

이런 의문이 먼저 드는 게 논리적인 사고의 흐름입니다. 당연히 의심하고 추가로 질문해야죠. 그런데 신기하게도 TV에서 전문가가 '연구'라는 타이틀을 붙여 설명하기 시작하면 생명체에 투여된 데이터가 있든 없든 아무도 추가 질문을 하지 않습니다. TV 건강 채널에서 진행자가 비커에 기름 덩어리와 건강식품을 섞고 녹는 것을 보여주고 방청객이 감탄하는 모습을 본 적 있지 않은가요? 그래서 더 신뢰하진 않았나요? 기억하세요. 임상 연구에선 가장 낮은 수준의 근거일 뿐입니다.

동물실험Animal Study

시간이 흘러 친구 1이 영양제 A에 관한 새로운 연구 데이터 기사를 다시 보여줍니다. 내용을 읽어보니 다음과 같았죠.

> 하버드대학교 연구 팀이 쥐에게 영양제 A를 투여하니 혈관 조직의 일부 기름기가 감소한 것을 발견했다고 보고했다.

이번엔 확실히 생명체에 투여한 연구 데이터예요. 여기서 한 가지 확실히 해야 할 점이 있습니다. 영양제 A가 쥐에게 이로운 효과가 있다고 사람에게도 그 효과가 똑같이 나타난다는 보장은 없다는 것이죠. 사람의 몸은 쥐와 다르기 때문입니다. 쥐 실험을 통해 도출된 연구 데이터는 사람에게도 테스트할 가치가 있겠다는 가능성을 열어줬을 뿐, 그 이상도 이하도 아닙니다. 그렇기에 동물실험 또한 앞의 그림에서 연구 근거 중 가장 낮은 수준에 있습니다. 영양제 A가 쥐에게 효과가 있었다 해도 사람에게 효과가 없다면 무용지물이니까요.

관찰 연구Observational Study

또 시간이 흘러 친구 1이 영양제 A에 관해 사람을 대상으로 한 연구 데이터가 있다며 기사를 보여줍니다. 내용은 다음과 같았죠.

> 하버드대학교 연구 팀이 지난 10년간 미국인 10만 명을 대상으로 심혈관 질환 사망률을 조사한 결과, 샌프란시스코가 다른 지역보다 사망률이 현저히 낮은 것으로 나타났다. 영양제 A 복용 비율을 확인하니 샌프란시스코가 가장 높았다.

매우 의미 있어 보이는 데이터입니다. 사람을 대상으로 한 연구이고, 심혈관 질환 사망률과 영양제 A에 나름의 연결 고리가 있어 보이니까요. 이런 방식으로 결론을 도출하는 연구를 관찰 연구라고 합니다. 대부분 '○○ 지역 사람들이 장수해서 조사하니 △△을 많이 먹고 있더라' 형식으로 논리를 이끌어가죠.

관찰 연구는 매우 과학적으로 보여서 대중매체, 특히 뉴스에서 가장 많이 소개하는 연구 형식입니다. 그런데 왜 앞의 그림에서 관찰 연구는 높은 근거 수준에 있지 않을까요? 이유는 근거 수준이 높은 연구가 아니기 때문입니다. 언뜻 그럴듯한 데이터처럼 보이지만, 사실은 해석에 주의가 필요하죠. 예를 들어볼게요.

부자와 부자가 아닌 사람들의 기상 시간을 조사하니 부자 그룹에서 아침형 인간의 비율이 높았다고 합시다. 이때 아침에 일찍 일어나는 것과 부자가 되는 것에 연결 고리가 존재한다고 말할 수 있습니다. 그러나 연결 고리가 있다고 아침에 일찍 일어나면 부자가 된다고 말할 수 있을까요? 당연히 아니죠. 변수가 너무 많기 때문입니다. 다른 이유로 부자가 됐는데 아침에 일찍 일어나서 부자가 된 것처럼 보였을 가능성도 있잖아요.

이것이 관찰 연구의 맹점입니다. 연구 대상을 통제하지 않고 그저 관찰했기에 연결 고리가 있어도 이것이 명백한 인과관계라고 말할 수 없죠. 그러므로 친구 1이 보여준 연구 데이터만으로 영양제 A 복용 시 심혈관 질환 발병률이 감소한다고 말해선 안 됩니다. 다른 원인으로 심혈관 질환 발병이 감소할 가능성이 있기 때문이죠. 그러나 안타깝게도 상당수 매체에서 관찰 연구 데이터를 근거로 '○○을 먹으면 △△이 좋아진다' 같은 인과관계로 주장합니다. 그런 장면을 볼 때마다 여러분은 이렇게 생각하시면 됩니다. '근거 수준이 높은 연구가 아닌데, 인과관계가 아닌데 명백한 인과관계처럼 잘못된 해석을 하고 있구나.'

무작위 비교 연구Randomized Controlled Trial

어떤 연구로 입증해야 '○○을 먹으면 △△이 좋아진다' 같은 인과관계를 설명할 수 있을까요? 통계학적으로는 무작위 비교 연구 형태가 인과관계 여부를 결정할 수 있습니다.[21] 그래서 무작위 비교 연구는 앞의 근거 수준 그림에서 상위에 있죠.

무작위 비교 연구란 동일한 두 집단을 무작위로 섞고 다시 둘로 나눈 다음 한쪽은 ○○약을, 다른 한쪽은 가짜 약을 주고 비교하는 연구예요. 이렇게 되면 두 집단은 ○○약을 먹었느냐, 먹지 않았느냐의 차이만 존재하니까 ○○약에 따른 인과관계를 알 수 있습니다. 그러므로 어떤 전문가가 연구를 인용해 영양제의 효과를 설명하는 장면을 보게 된다면 가장 먼저 그 연구가 사람을 대상으로 한 무작위 비교 연구인지부터 체크해보세요.

메타 분석/체계적 문헌 고찰Meta analysis/Systematic review

시간이 흘러 친구 1이 영양제 A에 관해 사람을 대상으로 한 다른 연구 데이터 기사를 보여줍니다. 이번엔 무작위 비교 연구 데이터라며 자신만만합니다. 내용은 다음과 같았죠.

하버드대학교 연구 팀은 샌프란시스코에 사는 사람 60명을 대상으로 영양제 A 섭취 시 심혈관 질환 사망률이 어떻게 되는지 알아보기 위한 무작위 비교 연구를 진행했다. 그 결과 영양제 A를 섭취한 그룹에서 심혈관 질환 사망률의 감소가 현저하게 나타났다.

무작위 비교 연구로 인과관계를 설명할 수 있다고 했습니다. 그러므로 이 기사에 나온 데이터에 따르면 영양제 A 섭취 시 심혈관 질환 사망률이 감소한다고 말할 수 있어야 합니다.

그런데 이 데이터에 따른 주장이 뉴욕에 사는 사람에게도 적용된다고 100% 장담할 수 있을까요? 유럽, 아시아, 아프리카 사람에게도 적용할 수 있을까요? 아무래도 어렵겠죠. 샌프란시스코라는 특수한 환경이 연구 데이터에 영향을 끼쳤을 가능성을 배제할 수 없기 때문입니다. 샌프란시스코 사람이 전 세계 사람을 대변하지 않으니까요.

건강식품 광고란에 효과가 아주 좋다는 이런저런 연구 데이터가 있다는 내용을 본 적이 있을 겁니다. 건강식품에 대한 신뢰도를 올리는 데 중요한 데이터죠. 그러나 그 내용을 자세히 읽어보면 오히려 신뢰도가 떨어지는 경우가 많습니다. 임상 연구 실험 대상자가 너무 적기 때문입니다. 100명 이상을 대상으로 실험한 건강식품 연구 데이터를 찾기가 생각보다 어렵습니다.

임상 연구의 궁극적인 목적은 과학적 진실을 찾기 위함입니다. 과학적 진실이라 말할 수 있으려면 그 진실이 모든 사람에게 동등하게 적용돼야죠. 대다수 임상 연구는 특정 소수 집단을 대상으로 하기에 임상 연구 데이터 한두 개로 모든 사람에게 적용할 일반적인 진실을 끌어내기에는 무리가 있습니다.

그렇다면 어떻게 해야 더 일반적인 진실을 끌어낼 수 있을까요? 해결책은 간단합니다. 임상 연구 실험 대상자 수를 늘리면 되죠. 그런데 수많은 사람을 대상으로 동시에 연구를 진행하기가 여간 어려운 일이 아니잖아요. 이 어려움을 해결하기 위해 고안한 방법이 메타 분석(체계적 문헌 고찰)입니다.•

메타 분석이란 여러 연구 결과를 한데 모아서 종합적으로 재분석하는 방식입니다. 예를 들어 영양제 A에 대해 100명을 대상으로 진행한 연구 1이 있다고 할게요. 그런데 더 검색하니 영양제 A에 대한 연구가 9개나 더 있습니다.

• 메타 분석과 체계적 문헌 고찰은 근본적으로 다른 연구지만, 여기서는 메타 분석으로 총칭하겠습니다.

연구 1=100명, 연구 2=100명, 연구 3=100명

연구 4=100명, 연구 5=100명, 연구 6=100명

연구 7=100명, 연구 8=100명, 연구 9=100명

연구 10=100명

여기서 연구 1부터 10까지 데이터를 모아서 종합적으로 다시 분석하면 큰 어려움 없이 1000명을 대상으로 한 분석 결과를 얻을 수 있겠죠. 그렇다면 당연히 연구 1의 결과보다 연구 10개를 합쳐서 도출한 결과가 더 일반화된 결론이라고 할 수 있을 겁니다. 이런 이유로 앞의 근거 수준 그림에서 메타 분석은 최상위에 있습니다.

특정 영양제의 효과가 맞는지 궁금하다면 그 영양제에 대한 메타 분석 연구가 있는지 확인하는 게 중요합니다. 메타 분석 연구가 없다면 그 영양제에 대한 최상위 근거 수준의 연구가 아직 없다는 의미이기 때문이죠. 다시 말해 그 영양제에 대해 일반화된 결론을 말하기에 근거가 부족하다고 해석할 수 있습니다.

지금까지 임상 연구의 종류를 대략 알아봤습니다. 그동안 전문가가 연구에서 입증됐다고 했을 때 어떤 연구인지 확인하지 않고 믿은 것을 반성한다면, 이 챕터의 내용을 완벽하게 이해했

다고 할 수 있어요.

물론 이런 내용이 처음이라면 어색하고 낯설 거예요. 초보자가 처음부터 연구 논문을 찾아보고 읽고 해석하기는 더 어려울 수 있겠고요. 이 챕터에서 전달하려는 것은 여러분이 진실을 하나하나 파헤쳐보라는 게 아닙니다. 전문가는 가능성의 개념으로 내용을 전달하는데, 여러분은 명백한 인과관계의 개념으로 받아들이는 상황이 안타까웠기에, 전문가가 내용을 전달할 때 적어도 숨겨진 의도 정도는 파악할 능력을 길러보자는 취지로 준비한 것입니다.

앞으로 어떤 전문가가 특정 연구를 근거 삼아 영양제의 효과를 주장한다면 이렇게 질문하세요.

"그 영양제에 대한 무작위 비교 연구가 있나요?"

- **전문가** "네."

→ 의미 : "특수 집단에서만 인과관계가 증명됐습니다."

- **전문가** "아니오."

→ 의미 : "아직 인과관계가 증명되지 않았습니다."

"그 영양제에 대한 무작위 비교 연구와 메타 분석이 있나요?"

- **전문가** "네."

→ 의미 : "인과관계에 대한 최상위 근거가 존재합니다."

● **전문가** "아니오, 메타 분석은 없습니다."

→ 의미 : "특수 집단에서만 인과관계가 증명됐습니다."

오메가3를 먹으면 건강해질까요?

사람들이 많이 복용하는 대표적인 영양제 중에 오메가3가 있습니다. 여러분은 어떤 효능을 기대하고 오메가3를 복용하시나요? 오메가3의 이로운 기능을 검색해보면 다음과 같습니다.

● 오메가3의 기능

혈압 감소, 혈전 예방, 콜레스테롤 감소, 항염증 작용, 죽상경화반 감소

오메가3가 혈관에 나쁜 영향을 끼치는 고혈압, 혈전, 콜레스테롤, 염증, 죽상경화반을 줄이는 데 중요한 역할을 한다는 것을 알 수 있죠. 이런 장점으로 오메가3는 혈관에 유익한 영양제라는 이

미지가 있습니다. 자, 여기서 한 가지 질문할게요.

"오메가3를 먹으면 건강해질까요?"

너무 기초적인 질문이라 순간 당황할지도 모릅니다. 오메가3에 유익한 기능이 많으니 건강해지는 것은 당연하다고 생각할 수도 있고, 근본적인 질문이라 어리둥절할 수도 있습니다. 맞아요, 당연하고도 근본적인 질문입니다. 그렇기에 어떤 답을 하느냐에 아래와 같이 판단하는 것도 당연하다고 할 수 있습니다.

- 오메가3를 먹으면 건강해진다
→ 오메가3는 반드시 복용해야 할 영양제
- 오메가3를 먹어도 건강해지지 않는다
→ 오메가3는 복용할 필요가 없는 영양제

그렇다면 오메가3를 먹으면 정말 건강해지는지 한번 알아보죠. 그전에 먼저 할 일이 있습니다. 매우 추상적인 개념인 '건강'을 구체화해야 합니다. 그래야 오메가3를 먹으면 건강해지는지 과학적으로 판단할 수 있으니까요.

● 건강해지다

→ 병들어 죽을 가능성이 낮아지다

우리는 1부에서 '건강'을 위와 같이 재정의했습니다. 그렇다면 질문을 아래와 같이 바꿀 수 있습니다.

"오메가3를 먹으면 건강해질까요?"

→ **"오메가3를 먹으면 병들어 죽을 가능성이 낮아질까요?"**

1부에서 사람을 죽게 하는 가장 흔한 원인에 1위 암, 2위 심혈관·뇌혈관 질환, 3위 호흡기계 질환이 있음을 확인했죠. 오메가3에 혈관에 유익한 장점이 있다는 것도 앞에서 확인했습니다. 그렇다면 오메가3가 심혈관·뇌혈관 질환에 영향을 주는지 알아보는 것이 포인트네요. 그래야 오메가3가 병들어 죽을 가능성에 직접 영향을 주는지 직관적으로 판단할 수 있기 때문입니다. 그러므로 위의 질문은 다시 한번 구체적으로 바꿀 수 있습니다.

"오메가3를 먹으면 건강해질까요?"

→ **"오메가3를 먹으면 심혈관·뇌혈관 질환 발병률이 낮아질까요?"**

자, 이제 확인할 사항은 딱 하나입니다. 오메가3가 심혈관·뇌혈관 질환 발병을 낮추는지에 대한 연구 데이터를 확인해보는 것이죠. 앞 챕터에서 '○○을 먹으면 △△이 좋아진다'와 같은 인과관계를 입증하기 위해서는 무작위 비교 연구 이상의 근거 수준이 필요하다고 했습니다. 한번 볼까요?

오메가3의 심혈관 질환 예방 효과를 알아본 대표적인 무작위 비교 연구가 두 가지 있습니다. 첫 번째는 JELIS, 두 번째는 ORIGIN이죠. 이 연구 논문 데이터는 오래전에 학계에 발표됐습니다. 그렇다면 오메가3의 효과에 대해 더 왈가왈부할 이유가 있을까요? 연구 데이터상 효과가 있게 나왔으면 '효과가 있다', 효과가 없게 나왔으면 '효과가 없다', 이렇게 결론지으면 간단하잖아요.

실상은 그리 간단하지 않았습니다. 두 연구 결과가 상반되게 나왔기 때문이에요. JELIS는 심혈관 질환 예방 효과가 명확한 것으로,[22] ORIGIN은 불분명한 것으로 나타났죠.[23] 이 경우 매우 골치 아픈 상황으로 흘러갈 수 있습니다. 전문가마다 얘기가 달라질 수 있으니까요. JELIS를 인용한 전문가는 오메가3가 심혈관 질환 예방 효과가 있다고 주장할 것이고, ORIGIN을 인용한 전문가는 효과가 없다고 주장할 테니까요.

이런 상황은 여러분을 혼란에 빠뜨리겠죠. 안타깝게도 혼란은 지금까지 이어지는 실정입니다. 그러므로 이 난감한 상황을 해결할 필요가 있습니다. 어떻게 해결할까요?

무작위 비교 연구 결과는 특정 집단의 진실일 수 있기에, 모든 사람에게 적용할 일반화된 진실을 도출하기 위해서는 데이터를 더 모아봐야 한다고 앞에서 설명했죠. 그런 이유로 여러 연구를 모아 종합적으로 재분석하는 메타 분석이 고안됐다고 했습니다.

미국 보건의료연구소Agency for Healthcare Research and Quality에서 이 난감한 상황을 해결하기 위해 2016년 메타 분석 연구 논문을 발표합니다.[24] 그동안 발표된 오메가3의 심혈관·뇌혈관 질환 예방 효과를 다룬 무작위 비교 연구 61개와 관찰 연구 37개를 모아서 종합적으로 재분석했죠. 그 결과는 다음과 같았습니다.

- 무작위 비교 연구 61개 종합 분석 결과 → 효과 불분명
- 관찰 연구 37개 종합 분석 결과 → 효과 있음

앞 챕터의 내용을 충분히 숙지했다면 이 상반되는 결과가 정확히 무엇을 의미하는지 느낌이 올 거예요. 무작위 비교 연구는 인과관계를 입증하는 데 관찰 연구보다 근거 수준이 높은 연구라고 했습니다. 그래서 이렇게 해석할 수 있습니다. 근거 수준이 높은 연구에서는 효과가 불분명하다는 결론이 도출됐고, 근거 수

준이 낮은 연구에서는 효과가 있다는 결론이 도출됐다고 말이죠.

이 결과가 시사하는 바는 매우 클 수밖에 없어요. 오메가3에는 원래 심혈관 질환 예방 효과가 없었는데, 과장되게 해석하는 바람에 효과가 있는 영양제처럼 알려졌을 가능성이 문제로 제기된 것이니까요. 그리고 2년 뒤인 2018년 코크란Cochrane이라는 기관이 오메가3의 심혈관 질환 예방 효과와 관련된 메타 분석 연구 논문 하나를 발표하는데,[25] 여기서 그 정점을 찍습니다.•

그동안 발표된 오메가3의 심혈관 질환 예방 효과를 다룬 무작위 비교 연구 79개를 종합해서 재분석한, 말 그대로 오메가3 빅데이터 연구 논문을 발표한 것입니다. 이 연구에 포함된 피실험자가 11만 명이 넘었죠. 결과가 어땠을까요? 최종 결과는 오메가3의 심혈관 질환 예방 효과가 불분명한 것으로 나타났습니다. 정말 충격적인 결과죠. 여러분이 알고 있던 사실과 많이 다를 수 있습니다. 지금도 수많은 전문가가 오메가3의 이로운 효과를 안내하니까요. 그러나 정작 세계 최고 권위를 자랑하는 학술 기관은 오메가3의 심혈관 질환 예방 효과가 불분명하다는 결론을 냈습니다.

• 코크란은 메타 분석 연구에 있어서만큼은 세계 최고 권위를 자랑하는 기관입니다. 의학 분야 주제에 대해 메타 분석 연구 논문을 주기적으로 발표하죠. 의료인이 객관적인 의사 결정을 할 수 있도록 연구 논문 데이터를 근거로 제공합니다.

그렇다면 이제 어떻게 해야 할까요? 오메가3는 무용지물일까요? 복용하려고 사둔 오메가3는 모두 쓰레기통에 버려야 할까요? 꼭 그렇진 않습니다. 2019년에 흥미로운 연구 논문REDUCE-IT이 발표됐기 때문이에요.[26] 이 연구에서 전문의약품 고지혈증약(스타틴)을 복용 중인 심혈관 질환 고위험군 환자 8000여 명을 대상으로 오메가3를 복용하게 한 결과, 오메가3를 복용한 그룹에서 심혈관 질환 발병이 현저하게 감소한 것으로 나타났습니다.

어떻게 그럴 수 있었을까요? 최상위 근거 수준인 코크란의 메타 분석에서는 오메가3의 심혈관 질환 예방 효과가 불분명한 것으로 나타났는데, 어떻게 REDUCE-IT에서는 완전 반대 결과가 나왔을까요? 그 이유는 다음과 같습니다.

RECUDE-IT는 무작위 비교 연구예요. 무작위 비교 연구 결과는 특정 집단의 진실일 가능성이 존재해서 일반화하는 데 제한이 있다고 했죠. REDUCE-IT에서는 오메가3와 관련된 특수한 처치가 있었어요. 오메가3를 고용량(EPA 4g/하루)으로 복용하게 한 것입니다. EPA 4g은 시중에서 판매하는 오메가3 8알에 해당하는 양이죠. 즉 이 연구에서는 피실험자에게 오메가3 8알이나 되는 용량을 5년 동안 매일 복용하게 한 것입니다. 전문의약품 고지혈증약과 함께 말이죠. 여기까지 내용만 본다면 '오메가3는 일반적인 용량을 복용하면 효과가 불분명하지만, 용량을 늘리면 효과가 있겠네'라고 생각할 수 있을 거예요.

실제로 여러 매체에서 오메가3를 고용량으로 복용하면 효과가 좋다는 내용을 소개하는데, 세상의 진실을 찾기가 그렇게 단순하지 않습니다. 1년 뒤인 2020년에 이를 반박하는 오메가3 무작위 비교 연구가 하나 더 발표됐기 때문입니다.[27]

STRENGTH는 REDUCE-IT와 같은 조건의 피실험자 1만 3000명을 대상으로 EPA 성분 2.2g 오메가3를 매일 5년 동안 복용하게 했죠. 일반적인 오메가3 용량으로 환산하면 하루 4알 이상입니다. 8알 용량을 투여한 REDUCE-IT 때보다 적지만, 하루에 4알 용량은 분명 고용량이죠. 그 결과 심혈관 질환 예방 효과가 불분명한 것으로 나타났습니다. 그렇다면 이제 어떤 생각으로 이어질 수 있을까요? '오메가3 4알 정도는 효과가 없나 보네. 8알을 먹어야겠구나'라고 생각해볼 수 있지 않을까요?

시도해볼 순 있겠죠. 8알 먹어서 심혈관 질환 예방 효과가 명확하지 않게 나타났다 해도 손해 볼 일은 없을 테니까요. 그런데 손해 볼 게 있었습니다. REDUCE-IT, STRENGTH 모두 고용량 오메가3를 복용한 그룹에서 특정 부작용의 빈도가 높게 나타났어요. 특정 부작용은 '심방세동'이라는 부정맥이었어요. 부정맥은 심장의 전기 신호에 문제가 생겨서 심장 리듬이 불규칙해지는 질환이에요. 종전 통념으로는 오메가3가 부정맥의 빈도를 낮춘다고 알려져 있었는데, 심혈관 질환 예방 효과를 극대화하기 위해 고용량을 투여하자 오히려 부정맥 빈도가 증가하는 예상 밖의 결과를 보였죠.

2021년에는 오메가3가 정말로 부정맥을 유발하는지 알아보고자 한 메타 분석 논문도 발표됩니다.[28] 무작위 비교 연구 7개를 종합해서 분석한 결과, 오메가3 1g 이상 복용 시 유의미하게 부정맥의 빈도가 증가하는 결과를 보였습니다. 부작용에 대한 인과관계마저 함께 입증된 순간이죠.

지금까지 말씀드린 오메가3의 심혈관 질환 예방 효과와 관련된 연구 데이터를 요약하면 다음과 같습니다.

❶ 오메가3 일반적인 용량을 복용할 경우, 심혈관 질환 예방 효과는 불분명하다.

❷ 심혈관 질환 발병 고위험군인 사람이 고지혈증약(스타틴)을 복용하면서 오메가3를 고용량(하루 8알)으로 복용할 경우, 심혈관 질환을 예방할 가능성이 존재한다. 그러나 4알 정도 고용량으로는 불확실하다.

❸ 오메가3 고용량을 복용하면 부정맥 발병 가능성이 상승한다.

여러분은 분명 오메가3에 좋은 효능이 있다고 들었기에 복용하기 시작했을 거예요. 여기서 저는 여러분에게 그 오메가3 효능을 통해 궁극적으로 이루고자 하는 것이 무엇이냐고 질문한 겁니다. 다시 말해 오메가3를 통해 어떤 문제를 해결하려고 하는지 구체적으로 정의해보자고 말이죠. 그 과정에서 문제의 대상이 심혈관·뇌혈관 질환이라는 것을 알았고, 오메가3와 심혈관·뇌혈관 질환의 인과관계를 확인해보니 위와 같은 결과가 나왔죠.

제가 오메가3의 효능을 부정하고자 하는 것이 아닙니다. 효능에 매몰돼 여러분이 해결하고자 하는 문제를 잊으면 안 된다고 강조하는 것입니다. 문제 하나가 해결됐을 때 비로소 완벽에 한 걸음 다가갈 수 있으니까요. 그래서 문제에 대해 먼저 질문했죠.

"오메가3를 먹으면 건강해질까요?"

→ "오메가3를 먹으면 병들어 죽을 가능성이 낮아질까요?"

→ "오메가3를 먹으면 심혈관·뇌혈관 질환 발병 가능성이 낮아질까요?"

유산균이 장을 건강하게 해주나요?

“우리 몸에 이로운 균을 넣어 장내 세균이 밸런스를 이루면, 장에 평화가 찾아와서 장이 건강해진다.”

유산균의 이런 기본 콘셉트에 대해서 한번쯤 들어본 적이 있을 거예요. 이 말도 과학적으로 입증하기 어려운 개념이자 주장입니다. ‘장 건강’이란 개념이 추상적이기 때문이죠.

‘장 건강이 어떻게 추상적인 개념이지?’라는 의문이 든다면 다음 내용을 보세요. 장이 건강한 사람은 누구일까요?

- 사람 A 항상 소화가 잘되고 변도 잘 봅니다. 그런데 우연히 받은 내시경검사에서 대장암 초기 소견이 발견됐죠.

- 사람 B 과민성장증후군으로 툭하면 배 속에 가스가 차고, 자주 설사합니다. 그러나 대장암이 생긴 적은 없습니다.
- 사람 C 늘 소화가 잘되고 변도 잘 봅니다. 건강검진에서 암이 발견되지 않았고요. 그런데 지금 음식을 잘못 먹어서 탈이 난 상태입니다.

갑자기 혼란스럽다고요? 당연합니다. 여러분과 다른 사람들이 생각하는 장 건강의 기준이 다를 수 있기 때문이죠. 그래서 추상적인 개념입니다. 보는 이에 따라 사람 A·B·C는 모두 장이 건강할 수도 있고, 건강하지 않을 수도 있으니까요. 그러나 장 건강은 과학적인 개념이죠. 모든 사람이 동일한 의미로 받아들여야 합니다. 그러므로 유산균이 장을 건강하게 해줄 수 있는지 알아보기 위해서는 일단 '장 건강'이란 개념부터 구체화해야 합니다.

장 건강 개념을 구체화하기 위해 거꾸로 접근하기를 하면 '장 질환이 생길 가능성이 낮은 상태'가 됩니다. 그렇다면 장에 문제를 일으킬 수 있는 대표적인 질환에 무엇이 있는지 알아볼까요?

대장암, 과민성장증후군, 염증성 장 질환(크론병, 궤양성대장염), 충수염, 복막염, 감염성 질환, 장흡수장애, 게실염, 직장 · 항문 질환, 장 혈관 질환이 10가지 질환이 《내과학 교과서》에서 안내하는 대표적인 장 질환입니다.[29] 이제 머릿속에 장 건강에 대한 윤곽이 그려질 거예요. 어떻게 해야 장이 건강해지는지 다음과 같이 구체적으로 계산되기 때문이죠.

- 구체화 전 : 유산균이 장을 건강하게 해준다.
- 구체화 후 : 유산균이 위의 10가지 장 질환을 다 예방 · 치료할 수 있다.

두 주장은 분명 같은 뜻입니다. 첫 번째 문장은 추상적으로, 두 번째 문장은 구체적으로 표현했을 뿐이죠. 그러나 느낌이 확연히 다르지 않나요?

첫 번째 문장은 왠지 나를 이롭게 해줄 것 같은 느낌이 듭니다. 그러나 효과가 구체적으로 그려지지 않고 애매합니다. 판단이 확실하게 서지 않습니다. 두 번째 문장은 유산균의 효과가 구체적으로 머릿속에 그려져서 어느 정도 판단이 서죠. '유산균이 좋은 건 알지만, 설마 10가지 질환을 모두 치료할 수 있을까?' 하는 느낌입니다.

이렇게 개념을 구체화하면 비로소 유산균이 장을 건강하게 해준다는 것이 과학적으로 참인지 검증해볼 수 있습니다. 유산균을 먹으면 각각의 질환이 예방됐거나 치료된 구체적인 증거가 있는지 하나씩 확인하면 되겠죠.

유산균 복용 → 대장암 예방과 치료

유산균 복용 → 과민성장증후군 예방과 치료

유산균 복용 → 염증성 장 질환(크론병, 궤양성대장염) 예방과 치료

유산균 복용 → 충수염 예방과 치료

유산균 복용 → 복막염 예방과 치료

유산균 복용 → 감염성 질환 예방과 치료

유산균 복용 → 장흡수장애 예방과 치료

유산균 복용 → 게실염 예방과 치료

유산균 복용 → 직장 · 항문 질환 예방과 치료

유산균 복용 → 장 혈관 질환 예방과 치료

물론 유산균이 위의 모든 질환을 치료하는지 알아보려면 양이 너무 방대해서 책 한 권도 부족할 겁니다. 이번 챕터에서는 유산균이 과민성장증후군 호전에 효과가 있는지 확인해볼게요.

사실 이 챕터를 작성한 주 목적은 여러분에게 유산균 효과의 진위를 알려드리기 위함은 아닙니다. 유산균은 이미 과민성장증후군에 효과가 있는 것으로 알려져 있으니까요. 공식적으로

2018년 '대한소화기기능성질환·운동학회 진료 지침'에서 유산균이 과민성장증후군 환자의 증상을 개선하는 데 효과가 있다고 안내하죠.[30]

> 권고 사항 : "유산균은 과민성장증후군 환자의 증상을 개선하는 데 효과가 있을 것으로 판단된다."

유산균은 진료 현장에서 과민성장증후군 환자에게 처방하는 흔한 약이며, 수많은 과민성장증후군 환자가 개별적으로 유산균을 구매해 복용 중이기도 합니다. 그렇다면 이미 과학적으로 입증된 사실을 제가 굳이 왜 다룰까요? 반전이 있기 때문입니다.

지금부터 대한소화기기능성질환·운동학회에서 위와 같은 명제를 결론으로 도출한 사고 흐름의 과정을 보여드릴게요. 공식적인 기관에서 안내한 유산균 권고 사항이 현재 여러분에게 주는 느낌을 먼저 기억해보세요. 그리고 이 챕터의 내용을 모두 본 다음에 위의 권고 사항을 다시 읽어보겠습니다. 느낌이 어떻게 달라지는지 경험해보시죠.

대한소화기기능성질환·운동학회는 2014년에 발표된 메타 분석 연구(저자: 알렉산더Alexander)[31] 데이터를 근거로 유산균의 효과를 안내하고 있어요. 그동안 유산균과 과민성장증후군 환자 증상 개선의 인과관계를 알아본 무작위 비교 연구 35개를 종합 분석한 연구 논문이죠. 결과는 증상 개선에 효과가 있는 것으로 나타났고, 이 결과를 토대로 대한소화기기능성질환·운동학회가 위의 권고 사항을 결론으로 도출했습니다. 그런데 이 연구에는 개운치 않은 부분이 있었습니다. 그 부분에 대해 간단히 설명할게요.

메타 분석은 여러 연구를 모아서 종합적으로 분석하는 연구입니다. 그러므로 메타 분석을 구성하는 각각의 연구 퀄리티가 떨어지면 종합적인 분석의 퀄리티도 당연히 떨어질 수 있겠죠. 그렇기에 메타 분석을 할 때는 각각의 연구 퀄리티 평가가 매우 중요합니다. 일반적으로 다음의 항목을 통해서 연구의 퀄리티를 평가하죠.[32]

❶ 임상 연구 대상자들이 무작위로 골고루 섞이지 않아 결과에 영향을 줬을 가능성

❷ 임상 연구 대상자들이 연구 진행 중 이탈하는 바람에 결과에 영향을 줬을 가능성

❸ 임상 연구 데이터가 손실돼서 결과에 영향을 줬을 가능성

❹ 데이터를 측정하는 과정에 일관성이 없어서 결과에 영향을 줬을 가능성

❺ 유리한 연구 결과만 선택해서 결과에 영향을 줬을 가능성

이 중 하나라도 문제 가능성이 높으면 연구의 퀄리티는 낮다고 해석하며High Risk of Bias, 아무런 문제 가능성도 존재하지 않는다면 연구의 퀄리티는 높다고 해석합니다Low Risk of Bias.

위 메타 분석에 포함된 연구의 퀄리티는 어땠을까요? 안타깝게도 대다수 연구 논문이 정보를 제한적으로 공개해서 위의 다섯 가지 문제 가능성을 평가하기조차 어려운 상태였습니다. 이런 경우 퀄리티 평가 자체가 불가능하므로 문제 가능성 불확실Unclear이라고 해석합니다. 불확실이라면 당연히 연구의 퀄리티가 높다고 말할 수 없죠.

대한소화기기능성질환·운동학회의 권고 사항 내용을 자세히 보면 생각지도 못한 문구를 발견할 수 있습니다.

> "Probiotics may be considered to relieve global symptoms, bloating, and flatulence in irritable bowel syndrome patients."
>
> ● Level of evidence : C

유산균이 과민성장증후군 환자의 증상을 호전시킬 것으로 추정하는데, 그 근거의 레벨이 C라는 것이죠. 참고로 레벨 C는 다음과 같은 의미입니다.

레벨 C : Low quality로 추후 연구 데이터에 따라 언제든지 결론이 바뀔 수 있다.

좀 놀랐다고요? 놀라기엔 이릅니다. 저자는 지난 2014년 연구 논문 데이터에 추후 발표된 18개 연구 논문을 추가해서 총 53개 연구 논문을 종합 분석한 메타 분석 연구 논문을 2018년에 다시 발표하죠.[33] 이전보다 방대한 데이터를 합산해서 분석한 결과 유산균이 과민성장증후군 증상 개선에 효과가 있는 것으로 나타났는데, 생각지 못한 문제가 또 발견되고 말았습니다. 바로 출간 오류죠.

출간 오류가 무엇인지 간단히 설명할게요. 여러분에게 어느날 '김치를 먹으면 고혈압이 치료되지 않을까?' 궁금증이 생겼습니다. 그래서 연구한 결과, 김치가 혈압을 낮춘다는 데이터를 발견했죠. 여러분은 무슨 생각을 할까요? 특별한 진실을 찾아냈으니 기쁘지 않을까요? 하루빨리 온 세상에 이 내용을 알려주고 싶어서 학회에 보고하죠. 그런데 반대 상황도 있을 거예요. 연구 결과 김치가 혈압을 낮추지 못한다는 데이터를 발견했다면 여러분은 무슨 생각을 할까요? 예상이 빗나가 실망이 크겠죠. 이 내용을 학회에 보고하고 싶은 마음이 줄어들 가능성이 높을 겁니다.

출간 오류란 수많은 연구 중 효과 있게 나온 연구만 학회에 보고되는 바람에 데이터가 편향적으로 존재하는 상황을 뜻해요. 그러므로 출간 오류가 있다면 본래의 진실이 과대평가됐을 가능성이 있다고 해석할 수 있죠.[34]

그 가능성이 2018년 알렉산더의 연구 논문 데이터에서 발견된 것입니다. 그리하여 2021년 미국 소화기학회는 알렉산더의 연구 논문을 근거로 과민성장증후군 환자에게 유산균을 오히려 처방하지 말도록 권고하고 있습니다.[35] 유산균이 증상 개선에 효과가 있다고 말하기에는 근거의 퀄리티가 낮다고 판단한 겁니다. 대반전이죠?

지금까지 내용을 요약하면 다음과 같습니다.

❶ 유산균이 과민성장증후군 증상을 개선한다는 근거의 퀄리티가 높지 않다.

❷ 나라마다 그 근거를 받아들이는 입장이 조금씩 차이가 난다.

❸ 미국은 그 근거에 보수적인 입장이고, 한국은 완화적인 입장이다.

이제 처음 본 권고 사항을 다시 들여다볼까요?

권고 사항 : "유산균은 과민성장증후군 환자의 증상을 개선하는 데 효과가 있을 것으로 판단된다."

처음과 느낌이 좀 달라졌나요? 그렇다면 이유는 명제가 도출되는 과정의 사고 흐름을 직접 들여다봤기 때문입니다. 100% 진실이라고 생각하던 결론에 일부 진실이 아닐 가능성이 있다는 점이 머릿속에 그려지기 시작한 것이죠.

중요한 것은 공식적인 학회나 전문가들도 위의 명제를 전달할 때 일부 진실이 아닐 가능성이 있다는 마음으로 주장했다는 점입니다. 근거의 퀄리티가 낮다는 것을 모두가 알고 있었으니까요. 그런데 그 내용이 명제가 도출되는 과정의 사고 흐름이 빠진 채 전달되니, 결론만 들은 여러분은 100% 진실이라는 생각이 들 수밖에 없죠.

근거를 확인한다는 것은 사고의 흐름을 보는 일입니다. 한 발 더 나가 명제를 주장하는 사람이 이 명제를 참이라고 생각하는 확신의 정도를 들여다보는 행위이기도 하죠. 그러므로 누가 어떤 명제를 주장한다면 그 사람의 의도를 알기 위해서라도 근거를 확인하는 것은 중요한 일입니다.

여기서 이런 질문을 해볼 수 있어요. 왜 전문가들은 어떤 명제를 사고 흐름은 빼고 결론만 얘기해서 그 명제가 100% 진실 같은 느낌을 주려고 할까요? 현존하는 근거의 수준이 낮은데 왜 그렇게 확신에 찬 듯 얘기할까요?

개인적 경험을 토대로 말하면, 상당수 환자가 어떤 문제에 대한 결론이 도출되기까지 사고 흐름을 굳이 알고 싶어 하지 않기 때문입니다. “그래서 효과가 있다는 건가요, 없다는 건가요?”라며 결론만 듣길 원하는 분이 압도적으로 많아요.

데이터상으로 애매하게 결론이 났는데, 이 타이밍에 전문가가 나타나서 확실히 결론을 내려준다면 환자는 속이 뻥 뚫리는 느낌을 받겠죠. 그러면 확실하게 얘기해주는 전문가의 얘기에 솔깃할 수밖에 없고, 그런 전문가를 더 신뢰합니다. 그래서 전문가는 항상 유혹에 빠집니다.

여러분이 듣고 싶어 하는 얘기를 해주고 싶은 유혹, 명백하지 않은데 명백한 것처럼 말해주고 싶은 유혹 말이죠.

식약처 인증
건강식품

연구 데이터상 효과가 불분명했다는 건강식품을 유튜브 채널에서 소개하면, 종종 이런 문의를 받습니다. "식약처에서 인증한 식품인데, 식약처 사람들이 다 바보란 뜻인가요?"

식품의약품안전처(식약처)라는 공식적인 기관에서 인증한 식품인데 어떻게 효과가 없을 수 있냐는 겁니다. 표현이 좀 과격해도 자연스러운 질문입니다. 이 책 앞부분에서 다룬 내용을 모른다면요. 지금의 여러분이라면 이 타이밍에 어떤 질문을 해야 할지 감이 오나요? '식약처에서는 무엇을 근거로 건강식품의 효능을 판단할까?'

식약처의 사고 흐름을 들여다볼 필요가 있겠죠. 다음은 식약

처가 고시한 건강 기능 식품 인정에 관한 규정입니다.[36]

제14조 8항(제출 자료 내용 및 요건)

인체 적용 시험은 중재 시험intervention study 또는 관찰 시험observational study 자료를 제출하여야 한다. 특히 중재 시험 중 무작위 배정 대조군 이중 맹검Randomized Controlled Trial, Double-blind으로 설계된 시험이 바람직하며, 또한 그 결과가 일반인에게도 보편적으로 적용되어야 한다.

건강식품 연구 데이터 인정 기준에 관찰 연구도 인정한다는 문구가 보입니다. 반면 무작위 비교 연구는 권장 사항일 뿐, 필수 기준이 아니죠. 앞에 설명했다시피 관찰 연구는 인과관계의 가능성은 제시할 수 있으나, 인과관계를 입증하는 연구가 아닙니다. 인과관계를 말하려면 적어도 무작위 비교 연구로 입증해야죠. 그러므로 다음과 같이 얘기할 수 있을 거예요.

식약처에서 인증한 식품이라도 그 근거에 따라 효과가 있을 수도 있고, 없을 수도 있다.

공식적인 기관이 진실의 기준은 아닙니다. 누가 얘기하든 핵심은 무엇을 근거로 얘기하느냐에 달렸으니까요. 그렇기에 근거 들여다보기가 중요하죠. 물론 일반인이 학문적인 근거를 들여본다는 자체가 매우 어려운 일입니다. 전문가가 얘기했다고 하면 일단 믿고 보는 경향이 생긴 것도 이 때문이죠.

그런데 신기한 점은 전문가가 얘기했다고 해서 여러분이 다 믿진 않는다는 거예요. 예를 들어볼까요? 질병관리청에서 코로나19 백신의 효과가 뛰어나니 1·2·3차 추가 접종을 권고할 때, 여러분은 어땠나요?

'진짜 효과 있을까?' '괜히 접종해서 손해 보는 거 아냐?' 이런 생각이 들지 않았나요? 이런 의심 때문에 코로나19 백신 접종을 피한 분도 있죠. 이런 반응을 보고 "질병관리청에서 인증했다는데, 질병관리청 사람들이 다 바보란 뜻인가요?"라고 얘기한 분도 있을 겁니다.

제가 지금 무슨 말을 하려는지 느낌이 오나요? 여러분은 왜 식약처의 결정은 아무런 의심 없이 받아들이고, 질병관리청의 결정은 마지막 털끝 하나까지 의심하려 하셨나요? 둘 다 전문가 집단인데 왜 한쪽만 아무런 의심 없이 받아들였지요? 그렇게 선택한 과학적인 기준이 있나요?

전문가가 어떤 결론을 내렸을 때 근거와 사고 흐름을 보는 것이 중요한 이유는 전문가의 주장이 신뢰도가 높은 근거를 기반으로 하고 있는지 검증을 해보자는 목적도 있겠으나, 사실 보다 근본적인 이유는 따로 있습니다. 여러분이 전문가의 다양한 의견을 과학적인 기준이 아니라 본인의 취향과 느낌대로 선택하기 때문이죠. 좀 더 적나라하게 얘기하면 **듣고 싶은 얘기를 해주는 전문가의 얘기에는 환호하고, 듣기 싫은 얘기를 해주는 전문가의 얘기는 배척하는 경향이 있기 때문입니다.** 그런 관점에서 어떤 의견에 대한 근거를 살펴보는 것은 우리가 내리는 판단에 일관성 있는 기준을 세우는 일과 같습니다.

지금까지 말씀드린 내용이 어렵다면…

지금까지 근거를 분석하는 방법에 관해 설명했어요. 이런 내용을 처음 접한 분은 낯설고 어려웠을 겁니다. 앞의 내용이 잘 이해되지 않았다면 이렇게 해보세요.

여러분은 지금 투자회사를 운영하고 있습니다. 어느 날 의사 출신 사업가가 투자받고 싶다며 여러분을 찾아왔습니다. 그가 브리핑합니다.

- 의사 출신 사업가 최근 바다에서 발견된 오메가100이라는 기름이 있습니다. 오메가100은 지능을 향상한다고 알려져 있죠. 제 판단으로는 오메가100이 공부하는 학생들에게 매우 유용할 것 같습니다. 건강식품으로 만들어서 팔면 수익성이 좋을 텐데, 투자받고 싶습니다.

여러분은 이 사업가에게 돈을 투자할지 말지 결정해야 합니다. 바로 투자할까요, 아니면 주장의 진위를 확인할까요? 당연히 확인해야 하지 않을까요? 여러분의 큰돈이 들어가는 일이니까요. 그래서 물어봅니다.

- **나** 오메가100이 지능을 향상한다는 것을 어떻게 확인할 수 있죠?
- **의사 출신 사업가** 쥐에게 오메가100을 투여한 결과 먹이를 찾는 능력이 향상됐다는 데이터가 있습니다.

이 얘기만 듣고 바로 투자를 결정하기는 좀 어렵지 않을까요? 쥐의 지능이 아니라 사람의 지능이 향상됐다는 데이터가 있어야 구매자에게 떳떳하게 홍보할 수 있을 테니까요. 다시 물어봅니다.

- **나** 쥐가 아니라 사람의 지능이 향상됐다는 데이터는 없나요?
- **의사 출신 사업가** 네, 있습니다. 오메가100을 복용한 사람의 뇌 MRI를 찍어보니 지능을 담당하는 영역이 활성화됐다는 데이터가 있죠.

신뢰가 조금 생기긴 했는데, MRI 소견 하나로 소비자를 제대로 설득할 수 있을지 개운치 않습니다. 좀 더 확 끌리는 데이터가 필요하다 싶죠. 그래서 묻습니다.

● 나 MRI 소견 말고 뭔가 더 실용적인 데이터는 없나요? 뇌의 지능 담당 영역이 활성화됐다는 내용만으로 소비자를 설득하기 어려울 것 같아요. 활성화가 돼서 실생활에 어떤 도움을 줬는지… 이런 내용이 필요하지 않을까요? 성적이 올랐다거나, 좋은 대학교에 많이 입학했다거나 이런 거 말이에요.

● 의사 출신 사업가 물론 그런 데이터도 있습니다. 오메가100을 복용하는 대학생을 조사하니 서울대학교 학생이 다른 대학교 학생보다 복용하는 비율이 훨씬 높았습니다.

여러분의 마음이 살짝 흔들리기 시작합니다. 서울대학교 학생들이 많이 먹는 영양제라고 광고하면 많은 사람이 혹하지 않을 수 없을 테니까요. 그래도 개운치 않은 부분이 남아 있습니다. 서울대학교 학생의 오메가100 복용 비율이 높다고 오메가100 때문에 합격했다는 보장은 없기 때문이죠. 큰돈이 들어가는 투자인데 신중해질 수밖에 없습니다. 만에 하나 오메가100이 서울대학교 합격에 큰 영향을 주지 못한다면 이 사업을 장기적으로 지속할 수 없을 테니까요. 또 물어봅니다.

● 나 아무래도 투자하려면 인과관계가 확실하게 입증된 데이터가 필요해요. '성적이 비슷한 학생들을 대상으로 오메가100을 먹은 경우

와 먹지 않은 경우를 비교하니, 오메가100을 먹은 그룹이 서울대학교 합격률이 높았다'와 같은 데이터도 있을까요?

- 의사 출신 사업가 네, 있습니다. 서울 대치동에 사는 학생 50명을 대상으로 한 그룹에 오메가100을, 다른 그룹에 가짜 영양제를 주고 테스트하니 오메가100을 복용한 그룹에서 서울대학교 합격률이 높았죠.
- 나 아, 그래요? 가능성이 있겠군요.

대치동 학생 데이터 얘기를 들으니 투자하는 쪽으로 마음이 꽤 기울었습니다. 이제 서류에 서명하면 투자가 결정되는 상황이죠. 그래서 서명하려고 하는데, 순간적으로 뭔가 불안합니다.

'혹시… 원래 오메가100은 효과가 없는데 플라세보(속임약)효과 때문에 심리적 안정이 생겨서 수능 시험을 잘 봤을 가능성도 있지 않을까?' '대치동 학생들이 한국의 전체 학생을 대변한다고 보기는 좀 어려운데… 다른 동네에 사는 학생들을 대상으로도 테스트해야 하지 않을까?' '서울대학교에 합격생만 데이터에 포함했을 가능성은 없을까?'

갑자기 여러 가지 의심이 폭주합니다. 막상 큰돈을 투자하려니 오메가100이 원래는 효과가 없는 건강식품일 가능성에 대해 마지막 하나까지 체크하고 싶은 거죠. 여기서 의사 출신 사업가가 여러분의 모든 의심에 데이터를 근거로 제시해 대답할 수 있다면 여러분은 당연히 투자할 겁니다. 그러나 일부 의심이 드는 사항에 대해 근거를 제시하지 못하면 투자 결정에 제동이 걸릴 수밖에 없겠죠. 오메가100이 효과가 없을 가능성이 조금이나마 있으니까요.

지금부터 여러분이 의사 출신 사업가에게 한 질문을 통해 여러분의 머릿속 사고 흐름이 어땠는지 잠깐 들여다보겠습니다. 의사 출신 사업가가 처음 오메가100이 지능을 향상한다고 주장했을 때, 여러분은 일단 의심하고 그럴 가능성이 없다고 전제합니다. 처음 들어보는 희한한 소리였으니까요.

'설마… 오메가100이 지능을 향상할 리 없지.' 그러고 나서 여러분의 전제가 틀렸을 가능성, 의사 출신 사업가의 말이 진실일 가능성이 있는지 조금씩 살펴봅니다.

- 근거는? → 쥐 실험
- 동물 연구 말고 사람 연구는? → MRI 소견
- MRI 소견 말고 보다 실용적인 데이터는? → 서울대학교 학생들이 많이 먹는다
- 인과관계가 입증된 연구는? → 대치동 학생들 연구
- 플라세보효과였을 가능성은? → ?
- 다른 도시에 사는 학생들 데이터는? → ?

• 데이터가 편향됐을 가능성은? → ?

일상적인 대화에서 누군가의 발언에 이렇게 추궁하듯 질문하면 지나친 의심병처럼 보입니다. 그러나 상대에게 큰돈을 투자해야 하는 상황이라면, 부정적인 관점을 전제로 상대의 발언이 거짓일 가능성에 대해 마지막 하나까지 짚어보는 것이 지극히 자연스러운 사고의 흐름이죠. 개운치 않은 점이 모두 해결됐을 때 투자를 결정하는 것은 지극히 합리적인 처사입니다.

그런데 혹시 여러분은 어떤 주제에 처음부터 부정적인 관점으로 접근해서 그 주제가 거짓인지 진실인지 가능성을 체크하는 과정이 임상 연구에서 과학적 진실을 밝혀내는 과정과 똑같다는 것을 알고 있었나요? 예를 들어 A라는 약이 효과가 있는지 알아보기 위한 임상 연구를 할 때, 다음과 같이 부정의 형태로 가설을 세웁니다.

• **가설 : A라는 약은 아무런 효과가 없다.**

그리고 연구하면서 도출되는 데이터를 통해 가설이 맞았는지 틀렸는지 확인하는 것입니다. 처음부터 부정의 형태로 가설을 세움으로써 원래 효과가 없는 약인데 효과가 있는 것처럼 결과가 잘못 나올 가능성(1종 오류)을 최대한으로 낮출 수 있기 때문이죠.[37]

다시 말해 여러분의 사고 흐름은 임상 연구에서 진실을 밝혀내는 과정처럼 매우 과학적이었습니다. 물론 여러분이 의사 출신 사업가와 대화할 때 부정의 형태로 가설을 세우고, 1종 오류를 체크하고… 이렇게 임상 연구 이론을 토대로 접근하진 않았을 거예요. **그저 투자자 입장에서 본능적으로 계산적인 태도가 됐을 가능성이 훨씬 높죠.**

오메가100이 원래 효과가 없는데 투자했다가는 큰 손해를 보는 상황이니까요(1종 오류). 너무나 당연한 이야기입니다. 누구나 돈을 계산할 때는 과학자 빰치는 사고 능력을 발휘하죠. 돈에 따른 이득과 손실이 모든 이에게 명확한 개념이기 때문입니다. 개념이 명확하니 머릿속에서 자동으로 계산되는 게 당연해요. 그런데 신기한 점이 있습니다. 여러분이 건강식품 투자자가 아니라 소비자라고 생각하는 순간, 이 모든 계산적 사고의 흐름이 멈춘다는 점입니다.

- 의사 출신 사업가 최근 바다에서 발견된 오메가200이라는 기름이 있습니다. 오메가200에 항산화 기능이 있어서 건강에 유익할 것으로 보입니다. 지금 세일 기간이라 최대 할인 가격으로 드리겠습니다. 한번 복용해보시죠.
- 나 음… 그럴까요?

그 이유는 건강에 대한 개념이 추상적이기 때문입니다. 추상적인 개념의 이득과 손실을 수학적으로 계산하기는 불가능한 일이죠. 그래서 건강식품을 구매하는 순간이 되면 과학적인 사고가 어려워집니다. 건강식품을 먹을지 말지 결정하는 일이 곧 나의 건강에 이득이 될지 손실이 될지 계산해야 하는 일인데, 계산이 제대로 될 리 없잖아요. 그러니 '좋은 게 좋은 거지' 식으로 생각이 단순해질 수밖에요.

'좋은 게 좋은 거지'의 관점으로 돈을 대하면 어떤 일이 생길까요? 돈에 대한 기준이 명확하지 않으면 돈을 모으고 쓰고 투자하는 기준 역시 존재하기 어렵겠죠. 그런 경제생활을 반복했다면 현재 여러분의 경제 상태를 객관적으로 파악하기는 더 어려울 겁니다. 제대로 계산이 되지 않으니까요. 반대로 돈에 대한 명확한 기준을 세우고, 매사 이득과 손실을 따져서 철두철미하게 계산해 돈을 모으고 쓰고 투자했다면? 그런 생활에서 현재 여러분의 경제 상태를 객관적으로 파악하기는 아주 쉬울 겁니다. 바로 계산이 되니까요.

건강도 마찬가지입니다. 누구는 투자자처럼 수학적인 방식으로, 누구는 소비자처럼 느낌에 의존하는 방식으로 계산해온 결과죠. 그러므로 지금 여러분의 몸 상태가 객관적으로 파악되지 않는다면, 건강을 위해 여러분이 하는 행위에 대한 관점을 모두 바꿀 필요가 있습니다.

지금부터 복용하고 싶은 건강식품이 있다면 그 식품의 투자자라고 생각하세요. 그 식품으로 건강에 도움이 될 때 여러분이 돈을 벌고 건강에 도움이 되지 않을 때 돈을 잃는다는 관점으로 바라보면, 어떤 과학자보다 객관적인 관점을 갖출 것입니다.

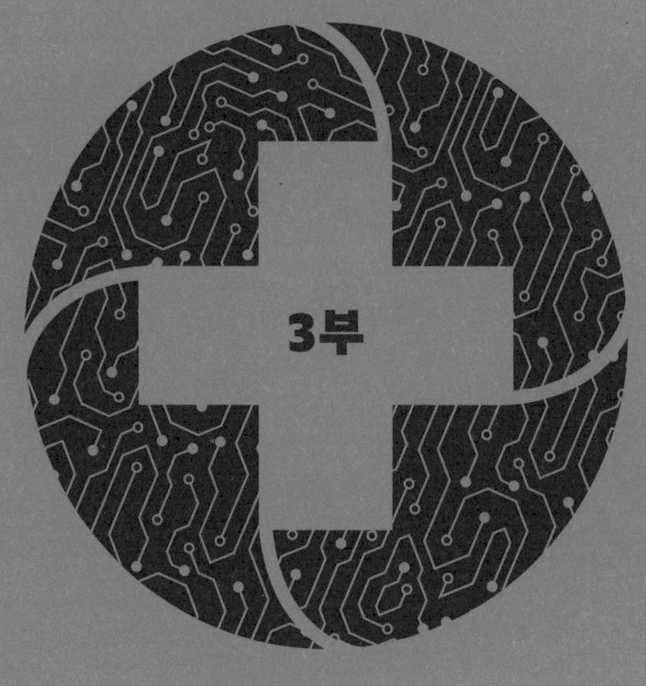

가짜에서 벗어나기 : 질병

혈압약·당뇨약·고지혈증약,
한번 먹으면 평생 먹어야 할까요?

혈압약·당뇨약·고지혈증약, 한번 먹기 시작하면 평생 먹어야 하니 부담스럽다는 말… 많이 들어보셨죠? 이 말만큼 희대의 명제도 없는 것 같습니다. 잘못 해석된 주장인데 밈처럼 계속 퍼지는 바람에 진실처럼 돼버렸기 때문이죠. 이 주장은 첫 단추를 완전히 잘못 끼웠습니다. 지금부터 이 말이 어떤 의미인지 구체적으로 설명할게요.

(1)

여러분은 아파트에 살고 있습니다. 건축한 지 오래된 아파트라 집에서 슬리퍼를 신지 않으면 층간 소음으로 아랫집에 피해를 주는 상황이죠. 여러분은 이렇게 생각합니다. '슬리퍼 한번 신으면 계속 신어야 한다는데 꼭 신어야 할까?'

뭔가 논리가 이상하죠. 슬리퍼를 신어야 하는 본질적인 까닭은 여러분이 이웃과 함께 아파트라는 환경에 살기 때문입니다. 그런데 신다가 중간에 신지 않으면 문제가 되는 상황이 싫어서 처음부터 신지 않겠다는 말은 정상적인 사고의 흐름이라고 할 수 없죠. 이는 이웃에게 피해를 주겠다는 뜻이니까요.

(2)

좀 더 와닿는 예를 들어볼까요? 어느 날 전염병이 세상에 퍼졌습니다. 백신도 치료제도 없는 상태죠. 마스크를 써야 병에 걸리지 않습니다. 여러분은 이렇게 생각합니다. '마스크 한번 쓰면 계속 써야 한다는데 꼭 써야 할까?'

문제의 핵심은 마스크를 한번 썼기 때문에 계속 써야 한다는 게 아니죠. 마스크를 평생 써야 할 만큼 심각한 전염병이 이 세상에 퍼졌다는 게 문제입니다. 그런데 마스크를 쓰다가 중간에 쓰지 않으면 문제가 되는 상황이 싫어서 처음부터 쓰지 않겠다는 말은 정상적인 사고의 흐름이라고 할 수 없습니다. 이는 자신을 전염병에 노출하겠다는 뜻이니까요.

(3)

이제 현실적인 예를 들어보겠습니다. 재택근무가 늘면서 집 안 쓰레기를 버리는 일이 전보다 훨씬 많아졌죠. 쓰레기 처리만큼 귀찮은 일도 없습니다. 여러분은 이렇게 생각합니다. '쓰레기 한번 버리면 계속 버려야 한다는데 꼭 버려야 할까?'

제가 하려는 말이 무엇인지 이제 아시겠죠. 결과만 놓고 보면 쓰레기를 한번 버리면 계속 버려야 하는 게 맞습니다. 쓰레기를 처리하지 않으면 집 안에 점점 쌓일 수밖에 없는데, 이는 문제의 본질에서 완벽하게 동떨어진 생각입니다.

(4)

강력한 예를 들어보겠습니다. 밥을 먹고 나면 양치하죠. 양치 한번 하면 밥 먹을 때마다 평생 해야 한다는데 꼭 해야 할까요? 우리 구강 구조가 평생 치아로 음식을 씹고 삼켜야 하기에 먹고 나면 양치하는 것입니다. 양치를 한번 시작한 뒤에 멈출 수 없는 것은 결과적인 상황이죠.

(5)

일을 왜 하죠? 돈을 왜 버나요? 한번 돈 벌기 시작하면 평생 벌어야 하는데요. 여러분은 '무언가를 한번 하면 멈출 수 없기 때문'이라는 말이 이 상황과 어울리지 않는다는 걸 아시겠죠? 본질적인 문제는 우리가 돈을 써야 삶을 영위할 수 있는 자본주의 사회에 살기 때문입니다. 그러니 평생 돈을 벌고 모아야죠.

(6)

마지막 예입니다. 여러분은 엄마 배 속에 있습니다. 엄마의 피를 통해서 산소를 공급받으니 따로 숨 쉴 노력을 할 필요가 없죠. 그러다 세상에 태어났습니다. 이제 여러분은 직접 숨을 쉬어야 생존할 수 있습니다. 여러분은 이렇게 생각합니다. '숨 한번 쉬기 시작하면 평생 쉬어야 한다는데 쉬어야 할까?'

당뇨약·혈압약·고지혈증약, 한번 먹기 시작하면 평생 먹어야 해서 꺼려진다는 생각이 얼마나 잘못된 생각인지, 얼마나 본질에서 멀어진 생각인지 아시겠죠?

약을 한번 먹은 뒤 계속 먹게 되는 것은 결과적인 상황이죠. 본질적인 문제는 여러분에게 앞으로 오랜 시간 건강하게 살기 위해서는 평생 당과 혈압을 조절해야 하는 질환(당뇨, 고혈압)이 생겼기 때문입니다. 여러분이 만성질환 시스템에 들어왔다는 말이죠. 그러므로 약을 먹기 시작하는 바람에 평생 복용하게 되는 것이 꺼려져서 복용을 거절한다는 말은 다음과 같은 뜻입니다.

계속하기 싫어서 처음부터 실내화를 신지 않은 채 아랫집 사람에게 피해를 주겠다.

계속하기 싫어서 마스크를 끼지 않은 채 전염병에 노출되겠다.

계속하기 싫어서 집 안의 쓰레기를 버리지 않고 쌓아두겠다.

계속하기 싫어서 양치하지 않고 치석이 쌓이게 두겠다.

계속하기 싫어서 약을 복용하지 않고 당뇨와 고혈압이 주는 피해가 여러분의 신체에 누적되게 만들겠다는 말입니다.

당신이 고혈압이 아닌 까닭

연극 배우 A가 있습니다. 무대에서 뺨 맞는 연기를 선보일 예정이죠. A는 뺨을 맞고, 배우 B가 뺨을 때리는 역할입니다. 최대한 아프지 않으면서도 진짜 뺨 맞는 것처럼 연습했죠. 리허설이 완벽해서 마음 놓고 무대에 올라가 연기를 펼쳤습니다.

그런데 깜짝 놀랄 일이 벌어졌어요. B가 리허설 때보다 훨씬 강한 힘으로 A의 뺨을 때린 거예요. 뭔가 느낌이 이상해서 B의 표정을 보니 눈동자의 초점이 풀렸습니다. 무척 긴장해서 몸이 강직된 게 눈에 띄었습니다. 그러다 보니 힘 조절을 못 해서 평소와 다르게 연기한 것이죠.

뺨 맞는 장면은 연극 한 편당 24회가 있습니다. B가 긴장해서

두 번 중 한 번은 강하게 뺨을 때리는 상황입니다. A는 B와 함께 365일 무대에 서야 합니다. B는 앞으로도 무대에서 긴장할 것으로 보입니다. 이런 상황에서 A가 먼저 걱정해야 하는 것은 무엇일까요?

당연히 자기 뺨이겠죠. 일단 A는 뺨을 강한 충격에서 보호해야 할 겁니다. A는 얼굴에 보호막을 쓰거나 상대 배우 교체를 요구하는 등 어떤 조치가 필요하겠죠. 그러지 않으면 오랜 시간 뒤 A의 얼굴이 온전치 않을 테니까요. A는 극단 감독에게 상대 배우를 교체해달라고 요청합니다. 그러자 감독이 얘기합니다.

- 감독 B가 나쁜 의도로 그런 건 아니잖아요. 무대 위라 긴장해서 그런 거 아니에요?
- 배우 A 공연중에 제 얼굴이 남아날 것 같지 않으니까 요청하는 거죠.

나쁜 의도가 아니라면 충분히 있을 법한 일이라는 감독의 주장에 A가 다칠 수도 있다는 걱정은 보이지 않습니다. 자기 얼굴이 아니니까, 자신이 아픈 것이 아니니까 쉽게 말할 수 있겠죠. A의 입장에선 감독이 포인트를 완전히 놓친 상황입니다. 다음 대화를 보시죠.

- 간호사 혈압 체크해드릴게요. 150/90mmHg입니다.
- 환자 뭔가 이상한데요. 왜 이렇게 높지? 긴장해서 그런가? 5분만 쉬었다가 다시 한번 체크해도 될까요?
- 간호사 (5분 후) 120/80mmHg입니다.
- 환자 이제 맞게 나오네요.

혈압은 혈관에 부딪히는 혈액의 압력입니다. 혈관의 입장에서는 충격을 뜻하죠. 그러므로 혈압이 오르면 충격이 커지니 혈관은 당연히 큰 부담을 느낍니다. 빰을 세게 맞으면 얼굴에 큰 부담이 오듯 말이죠. 위의 두 대화 상황은 근본적으로 같습니다.

긴장해서 빰을 세게 때렸다/긴장해서 혈압이 올랐다… 이게 중요한 게 아니라

빰이 아프다 / 혈관이 부담을 느낀다… 이게 포인트죠.

이런 관점으로 상황을 바라보면 이유가 뭐든 빰(혈관)을 보호하는 것이 우선순위가 돼야 한다는 느낌이 들 겁니다. 일단 다치지 않게 해야 하니까요.

빰을 한 번은 세게 맞았고(높은 혈압), 한 번은 약하게 맞았습니다(정상 혈압). 우선순위가 다치지 않게 하는 것이라면 둘 중 어느

상황에 초점을 맞춰서 대응해야 할까요? 당연히 뺨을 세게 맞은 (혈압이 높은) 경우에 초점을 맞춰야 할 겁니다. 그러나 대다수 사람은 반대로 하죠. 낮게 측정된 혈압 수치를 자신의 혈압이라고 단정지으니까요. 심지어 혈압이 계속 높게 나오면 자신이 원하는 수치가 나올 때까지 측정하기도 합니다.

감독은 뺨을 맞은 A의 고통을 똑같이 느끼지 않기에 상황을 좋게 마무리하고 싶은 마음이 앞섭니다. 환자는 높은 혈압으로 혈관이 부담을 느끼지만, 자신이 직접 부담을 느끼는 것은 아니기에 상황을 좋게 보고 싶은 마음이 앞섭니다. 그래서 많은 경우 혈압이 높아도 고혈압 진단이 잘되지 않습니다. **당장 고통이 느껴지지 않고, 좋은 면만 보고 싶은 마음에 스스로 고혈압을 부정한 결과죠.**

그러나 배우의 뺨이 언제까지 성하다는 보장은 없습니다. 혈관도 마찬가지죠. 그동안 여러분이 알던 고혈압에 대한 개념을 바꿀 필요가 있습니다. 뺨 맞는 연기를 바라보는 감독이 아니라 뺨을 맞는 A의 입장에서, 혈압 수치를 바라보는 환자가 아니라 충격을 견디는 혈관 입장에서 이해할 필요가 있습니다. 입장을 바꿔 생각해볼까요?

A는 뺨을 세게 맞는 상황이 고통스럽습니다. 그러나 배우이기에 뺨 맞는 연기는 해야 합니다. 한 편당 24회, 365일을 말이죠. 여러분이 A라면 다음과 같은 고민을 하지 않을까요? '24회 중

실수로 뺨을 세게 맞는 상황을 몇 번까지 견딜 수 있을까? 그 정도를 365일 지속해도 괜찮을까?'

혈관은 혈압이 오르는 상황이 부담스럽습니다. 그러나 혈액이 흐르는 한 혈압에 따른 충격을 24시간, 365일 견뎌야죠. 여러분이 혈관이라면 다음과 같이 고민할 겁니다. '24시간 중 혈압이 오르는 상황을 몇 번까지 견딜 수 있을까? 그런 충격을 365일 받아도 괜찮을까?'

24시간 동안 혈압이 오르는 빈도와 강도를 혈관이 감당하지 못할 수준이 된다면 어떻게 될까요? 그 상태가 누적되면 어떻게 될까요? 혈관이 다치겠죠. 이 상태가 고혈압입니다.

다음은 고혈압 진단 기준표입니다. 고혈압에 대한 개념을 완벽하게 이해하지 못한 경우, 이 표는 큰 오해를 일으킬 수 있습니다. 한 번은 혈압이 높게, 한 번은 낮게 측정된다면 누구나 낮은 혈압을 보고 자신은 고혈압이 아니라고 생각할 가능성이 높기 때문이죠.[38]

오늘부터 이 표는 기억에서 잠깐 지우고, 이 개념을 숙지하세요. '혈압은 혈관이 받는 충격을 뜻하고, 고혈압은 혈관이 하루 동안 견딜 수 있는 누적된 충격의 합을 넘어선 상태다.' 이런 관점에서 고혈압이 있는지 없는지 알아보기 위해 가장 먼저 할 일은 하루 동안 혈관이 받는 충격을 모두 체크하는 것이죠. 다시 말

혈압 분류		수축기혈압 (mmHg)		이완기혈압 (mmHg)
정상 혈압		< 120	그리고	< 80
주의 혈압		120~129	그리고	< 80
고혈압 전단계		130~139	또는	80~89
고혈압	1기	140~159	또는	90~99
	2기	≥ 160	또는	≥ 100
수축기 단독 고혈압		≥ 140	그리고	< 90

혈압의 분류[38]

해 하루 동안 혈압 수치를 모두 확인해야 합니다.

대한고혈압학회는 고혈압인지 아닌지 명확하게 알기 위해서는 **24시간 활동 혈압 검사**를 권고하고 있어요.[39] 종일 30분 간격으로 혈압을 체크해서 그 수치를 더한 다음 평균을 내는 검사입니다. 30분 간격으로 혈관이 받는 충격의 수치를 모두 체크하는 개념이죠. 그 수치의 평균이 130/80mmHg보다 높으면 고혈압으로 진단됩니다. 바꿔 말하면 혈관이 하루 동안 견딜 수 있는 충격 강도의 평균이 130/80mmHg 이상이면 다칠 수 있다는 뜻이죠.

혈압을 쟀는데 첫 번째 혈압이 140/90mmHg, 두 번째 혈압이 120/80mmHg입니다. 그렇다면 평균은 130/85mmHg가 되죠. 방금 앞에서 하루 동안 평균이 130/80mmHg 이상이면 고혈압이라고 했습니다. 그렇다면 두 번째 혈압 수치만 보고 안심할 게 아니라 고혈압 가능성을 의심해야겠죠.

이제 개념이 구체화됐나요? 여러분이 혈압을 잴 때 140/90 mmHg가 넘는 빈도가 잦다면 하루 평균이 130/80mmHg 이상일 가능성이 높다는 뜻입니다. 이 말은 혈압이 순간적으로 올라가는 까닭이 고혈압을 진단하는 과정에서 전혀 중요하지 않다는 뜻이기도 하죠. 긴장하든, 스트레스를 받았든, 빨리 움직인 상태에서 혈압을 쟀든 혈관은 센 강도로 충격을 받았거든요. 그 빈도가 잦아서 혈관이 하루에 견딜 수 있는 수준이 넘으면 위험해질 수밖에 없겠죠.

이런 관점으로 고혈압 진단 기준을 봐야 합니다. 그렇다면 혈압을 최대한 많이 체크하는 게 중요하겠죠? 데이터가 많을수록 평균의 정확도가 높으니까요. 병원에서 24시간 활동 혈압 검사를 받아보는 것도 좋은 방법입니다.

이 관점으로 고혈압을 바라보면 혈압약을 복용하기 좋은 시기에 대한 답도 논리적으로 끌어낼 수 있습니다.

고혈압 환자 A와 B가 있어요.

A는 40세에 고혈압이 생겼고, 60세부터 고혈압약을 먹기 시작했으며, 현재 70세입니다.

B도 40세에 고혈압이 생겼고, 40세부터 고혈압약을 먹기 시작했으며, 현재 70세입니다.

이 상황을 혈관이 받은 충격의 개념으로 해석하면 다음과 같습니다.

A는 혈관이 견디기 어려운 충격을 20년 동안 받아 누적된 상태

B는 그 충격을 완벽하게 방어해 누적된 충격이 없는 상태

혈압이 높아도 혈압약은 최대한 늦게까지 안 먹고 버텨보겠다는 생각이 어떤 의미인지 아시겠죠? 혈관이 지금 센 충격을 계속 받는데, 방어는 최대한 나중에 하겠다는 뜻입니다. 방어가 늦을수록 피해는 커집니다. 높은 혈압의 충격에 노출된 기간이 길수록 심혈관 질환 발병률이 상승한다는 것은 오래전부터 알려진 과학적 사실이라는 점, 꼭 기억하세요.[40]

결론입니다.

여러분이 고혈압이 아닌 까닭은 자신이 고혈압이라는 것을 부정했기 때문입니다.

혈압약의 치명적인 부작용

많은 분이 혈압약을 처음 복용할 때, 부작용에 대한 걱정 때문에 주저합니다. 안타깝게도 그 걱정이 맞습니다. 혈압약에는 부작용이 분명 있죠. 자연스럽게 형성된 사람의 혈압을 인위적으로 낮추는 약이니 부작용이 생기는 것은 당연합니다. 그래서 혈압약은 함부로 먹어서는 안 되는 약입니다.

부작용에 관한 공식적인 데이터도 있습니다. 2021년 《영국의학저널BMJ》은 28만 명이 넘는 데이터를 토대로 혈압약 부작용에 관한 빅데이터 연구 논문을 발표했어요. 내용이 정말 충격적입니다.[41] 해당 논문은 대표적인 네 가지 부작용을 소개하죠.

첫째, 콩팥 기능이 일시적으로 저하됩니다. 혈압약이 콩팥에 작용하는 호르몬(앤지오텐신)의 작용을 막으면서 생기는 현상입니다. 약 복용 시 복용하지 않는 경우보다 콩팥 기능 저하 발생이 약 1.18배 상승하죠.

둘째, 혈액 속 전해질이 불균형 상태가 됩니다. 콩팥은 혈액을 여과해서 노폐물을 소변으로 배출하는 역할을 하는데요. 혈압약(이뇨제)이 이 과정에 동참해 혈액 속 염분이 소변으로 더 많이 배출되도록 만들죠. 그러면서 염분뿐만 아니라 다른 전해질까지 빠져나가는 부작용이 발생합니다. 논문에서는 이뇨제를 복용하는 경우로 한정하면 저칼륨혈증의 빈도가 혈압약을 복용하는 경우 복용하지 않는 경우보다 10배 이상 높게 나타난다고 보고했습니다.

셋째, 저혈압입니다. 진료 현장에서 가장 흔한 부작용이에요. 혈압을 억지로 낮추다 보니 생길 수밖에 없는 필연적인 상황이죠. 논문에서는 혈압약을 먹지 않는 경우보다 약 2배 더 발생할 수 있다고 보고했습니다.

이외에도 혈압약과 관련된 부작용은 매우 많습니다. 여러분, 굳이 이런 부작용을 감수하면서 혈압약을 먹어야 할까요? 자연의 순리대로 자연스럽게 둬야 할 혈압을 인위적으로 건드리는 것이 좋은 일일까요?

넷째, 이 부작용이 가장 치명적입니다. 아마도 이 내용을 보시게 된

다면 너무 끔찍해서 소스라치게 놀랄지도 모릅니다. 그 부작용은 바로 이것입니다. 심혈관·뇌혈관 질환 발병률이 인위적으로 낮아져서 오래 살게 됩니다. 논문에서는 혈압약 복용 시 복용하지 않는 경우보다 심혈관 질환 8% 감소, 뇌혈관 질환 16% 감소, 사망률은 7% 감소한 것으로 보고했죠.

1940년대 프랭클린 루스벨트 대통령의 수축기 혈압은 200mmHg가 훌쩍 넘은 기록이 있습니다.[42] 고혈압은 심혈관·뇌혈관 질환의 핵심 원인이죠. 루스벨트 대통령은 63세가 되던 1945년 뇌출혈로 사망했습니다. 혈압약을 복용하면서 인류의 혈압을 인위적으로 낮추기 시작한 것은 1950년대 이후의 일입니다. 그로 인해 사람이 오래 살게 되는 부작용(?)이 나타나고 말았죠.[43·44]

자연적인 것만 섭취해 자연의 순리에 몸을 맡기는 것

인공적인 약물을 복용해 몸을 인위적으로 조작하는 것

자연적인 것과 인위적인 것, 무엇이 건강에 좋을까요? 위 문장만 보면 어감은 첫 번째, 자연적인 것이 좋아 보입니다. 그러나 사람은 인위적인 방법으로 오래 살게 됐습니다. 20세기에는 60세를 넘긴 부모를 위해 환갑잔치를 했죠. 60세를 넘기는 일이 자연스럽지 않은 일이었기 때문입니다. 그러므로 자연적인 방법으로 자연의 순리에 따라 건강하게 오래 산다는 자체가 모순일 수 있습니다. 사람이 오래 사는 것이 애초에 자연의 순리가 아니기 때문이죠. 노화에 따라 고혈압이 생기고, 그로 인해 심혈관·뇌혈관 질환이 발생해 60대에 죽음의 고비를 맞는 것이 자연의 순리입니다.

혈압약 때문에 심혈관·뇌혈관 질환 발병률이 낮아져서 수명이 70대를 거뜬히 넘기게 된 것이야말로 자연의 순리를 거스르는 결과죠. 그러므로 '자연적인 것이 좋다', '인위적인 것은 나쁘다'라는 프레임에서부터 일단 벗어나는 것이 중요합니다. 그래야 건강의 구체적인 목적에 맞게 죽음의 가능성을 낮추기 위한 합리적 판단을 할 수 있기 때문입니다.

인위적인 방법으로 혈압을 낮추는 혈압약 때문에 인위적인 부작용이 생길까 봐 두려운가요? 그렇다면 자연의 순리대로 사는 게 맞습니다. **환갑이 당연한 것이 아니라 매우 감사해야 할 일인 것처럼요.**

약물은 해로우니
운동과 식사 조절로 해보자

사람 1이 절벽에서 떨어졌습니다. 다행히 옷이 절벽의 나뭇가지에 걸려 매달리게 됐죠. 이를 본 사람 2가 다가가 외칩니다.

- 사람 2 괜찮으세요?
- 사람 1 네? 저 아무렇지도 않은데요.

- 사람 2 거기 계속 있으면 위험해요. 옷이 찢어지면 떨어져 죽을 수도 있어요. 제가 밧줄 던져드릴 테니까 빨리 잡고 나오세요.
- 사람 1 밧줄에서 냄새가 나는 것 같은데요. 잡으면 몸에 냄새가 배지 않을까요? 음… 잠깐 고민 좀 해볼게요.

당뇨나 고혈압이 처음 생긴 분에게 당뇨약이나 혈압약을 처방하면 이렇게 대처하는 경우가 종종 있습니다. 약을 먹지 않고, 체중과 음식 조절 같은 생활요법을 먼저 해보겠다고 선언하죠. 몇 달이 지나고 보면 몸 상태는 비만입니다. 그러면 생활요법에 실패했으니 혈압약이나 당뇨약을 먹는 선택으로 이어져야 하는데, 약에 대한 거부감이 여전하다 보니 주변에서 듣거나 유튜브로 알아본 건강식품을 챙겨 먹기 시작합니다.

여기서 한 가지 질문할게요. 그 환자분이 지금 먹는 건강식품을 먹지 않는다고 죽을 일이 있을까요? 안타깝게도 그것이 증명된 데이터는 없습니다. 그 환자분이 혈압약이나 당뇨약을 먹지 않으면 죽을 일이 있을까요? 안타깝게도 그것이 증명된 데이터가 너무나 많습니다.[45·46]

그렇다면 당뇨나 고혈압이 있을 때 먼저 무엇을 복용해야 할까요? 두말할 나위 없이 당뇨약이나 혈압약이죠. 그러나 현실은 그렇지 않습니다. 약에 대한 정보가 넘치다 보니 정보의 불균형 상태가 초래됐기 때문이죠. 약의 단점에 시선이 집중되면서 약의 이점은 관심 밖으로 밀려난 것입니다. 그 이점이 생존율을 높인다는 내용인데도 말이죠. 정확하게 이런 상태라 할 수 있습니다.

여러분이 어떤 연유로 절벽에서 떨어집니다. 다행히 옷이 나뭇가지에 걸려서 딱히 힘든 것 없이 매달려 있지만, 시간이 흘러 옷이 찢어지면 위험한 상황에 맞닥뜨릴 수 있죠. 그걸 본 누군가가 그 상황에서 벗어날 수 있도록 도와주려고 밧줄을 던져줬습니다. 그런데 여러분은 그동안 "밧줄에서 냄새가 난다", "밧줄을 잡으면 감기에 걸린다", "밧줄은 몸에 해롭다" 등 좋지 않은 이야기를 너무 많이 들은 거죠. 그래서 밧줄을 거부하는 사태에 이릅니다. 지금 자신이 어떤 상황에 있는지 파악하지 못한 채 말이죠. 그리고 얘기합니다.

"여기서 빠져나갈 수 있게 응원과 기도 부탁드립니다. 긍정적인 소리를 자주 들으면 몸에 좋다네요."

고혈압과 당뇨가 이제 막 생긴 분이 하는 가장 큰 착각은 혈압약이나 당뇨약을 먹는 순간, 자신이 고혈압이나 당뇨 환자가 된다고 생각한다는 점입니다. 정말 바보 같은 생각입니다.

지금부터 '환자'라는 단어는 지우고 결과물만 보죠. 혈압약이나 당뇨약을 먹으면 혈압과 혈당은 정상이 됩니다. 약을 복용해 고혈압과 당뇨 상태에서 벗어나게 된다는 뜻입니다. 그러나 약을 먹지 않으면 어떻게 되죠? 계속 고혈압이나 당뇨 상태입니다. 그러니까 여러분은 지금 거꾸로 생각하는 것이죠.

혈압약(당뇨약)을 먹으면 약을 먹는 행위 때문에 자신을 고혈압(당뇨) 환자로 간주하게 되지만, **실제 몸은 혈압약(당뇨약)을 먹는 순간 정상이 되고 약을 먹지 않고 계속 버티면 고혈압(당뇨) 상태가 지속되죠.**

밧줄을 잡아야 위험에서 벗어날 수 있는데, 밧줄을 잡는 순간 자신이 절벽에 매달렸다는 것을 인정하기가 싫어서 매달린 상태를 유지하겠다니… 이 얼마나 답답한 말인가요.

전문의약품 혈압약(당뇨약)을 복용하든, 공식적으로 입증되지 않은 건강 기능 식품을 먹든 여러분의 선택입니다. 밧줄을 잡든, 응원과 기도를 듣든 여러분의 선택이죠. 아무도 강요하지 않습니다. 다만 저는 여러분이 이성적인 판단으로 합리적인 선택을 했으면 합니다.

약을 먹는 순간 환자가 된다는 개념 때문에 환자가 되느니, 몸을 고혈압(당뇨) 상태에 두겠다는 생각… 실제로는 약을 복용하지 않는 지금이 환자 상태이고 약을 복용하면 몸은 정상으로 돌아갑니다.

콜레스테롤에 좋은 음식 추천해주세요

혈액검사 후 콜레스테롤 수치가 높게 나오면 이렇게 물어보는 환자분이 많습니다. "앞으로 어떤 음식을 먹어야 하나요?" 콜레스테롤을 낮추는 데 도움이 되는 음식을 추천해달라는 말씀이죠. "저는 고기도 별로 먹지 않고 운동도 열심히 하는데, 혈액검사만 하면 이상하게 콜레스테롤이 높게 나와요"라고 말하는 분도 있습니다. 이런 생각을 한번이라도 해본 적이 있다면 콜레스테롤에 대한 개념을 완전히 잘못 잡은 경우입니다. 지금부터 콜레스테롤에 대한 개념을 송두리째 바꿔드릴게요.

여러분의 집에는 모두 음식물 쓰레기통이 있습니다. 음식을 먹고 남은 쓰레기가 통에 차기 시작하죠. 만일 쓰레기통을 주기적으로 비우지 않으면 어떤 일이 생길까요? 가득 차서 넘쳐 흐르겠죠. 이런 상태에서 누군가 질문합니다. "어떤 음식을 먹어야 쓰레기통이 넘쳐 흐르지 않을까요?" 질문이 이상하죠?

누군가 또 얘기합니다. "저는 음식을 많이 먹지도 않고 쓰레기통도 자주 비우는데, 이상하게 쓰레기통이 항상 넘쳐 흘러요." 이 말이 합당하면서도 객관적인 이유처럼 느껴지나요? 아니죠. 음식물 쓰레기통이 넘쳐 흐르는 까닭은 하나, 먹은 만큼 비우지 않았기 때문입니다. 먹은 만큼 쓰레기통을 비우면 쓰레기는 쌓이지 않습니다. 먹은 양보다 쓰레기통을 자주 많이 비우면 쓰레기는 감소하기 시작하죠.

말 그대로 더하기 빼기 산수 문제이죠. 그렇다면 여러분의 음식물 쓰레기통이 넘쳐 흐르기 시작할 때, 최우선 과제는 무엇일까요? 당연히 먹는 양보다 쓰레기통을 자주 비워서 쓰레기를 줄이는 것입니다. 그러므로 '어떤 음식을 먹어야 하는가?', '왜 쓰레기통을 계속 비우는데 넘쳐 흐르는가?'는 본질에서 완전히 벗어난 질문입니다. 먹는 양보다 비우는 양을 늘려서 여러분의 쓰레기통을 마이너스 상태로 만드는 것이 본질적 접근이죠.

여기서 중요한 개념이 하나 있습니다. 얼마나 적게 먹고 얼마나 자주 많이 비워야 마이너스 상태가 되는지는 오로지 여러분만이 알 수 있다는 점입니다. 사람마다 음식물 쓰레기통의 크기가 다르기 때문이죠. 여러분이 시행착오를 겪어가면서 그 밸런스의 기준을 알아내야 합니다.

이제 콜레스테롤 얘기를 해볼게요. 콜레스테롤과 (중성)지방을 합쳐서 지질이라고 합니다. 지금부터 이 둘을 지질이라고 통칭해서 설명할게요.[47]

지질을 섭취하면 지질은 **킬로미크론**이라는 자동차를 타고 혈류를 통해 우리 몸 이곳저곳을 돌아다니다가 간으로 갑니다. 외부에서 들어온 음식이 처음으로 우리 몸을 돌아다니는 과정이어서 외인성 대사 과정이라고 합니다. **외인성 대사 과정**이 마무리되기까지 보통 12시간이 걸리죠.[48]

간으로 들어온 지질은 예쁘게 포장됩니다. 그리고 VLDL이라는 자동차를 타고 다시 간 밖으로 나가죠. 마찬가지로 혈류를 통해 우리 몸 이곳저곳을 돌아다니다가 VLDL 크기가 점점 줄어들면서 LDL 자동차 형태가 되고, 간으로 돌아오죠. 외부에서 들어온 음식이 아니라 우리 몸의 장기(간)에서 내보낸 지질이 우리 몸을 돌아다니는 과정이기 때문에 **내인성 대사 과정**이라고 부릅니다. 내인성 대사 과정은 24시간 내내 진행됩니다. 외인성 대사 과정과 내인성 대사 과정을 합쳐서 **지질의 대사 과정**이라고 합니다.

여기서 문제 하나 낼게요. 우리가 혈액검사로 알아보고자 하

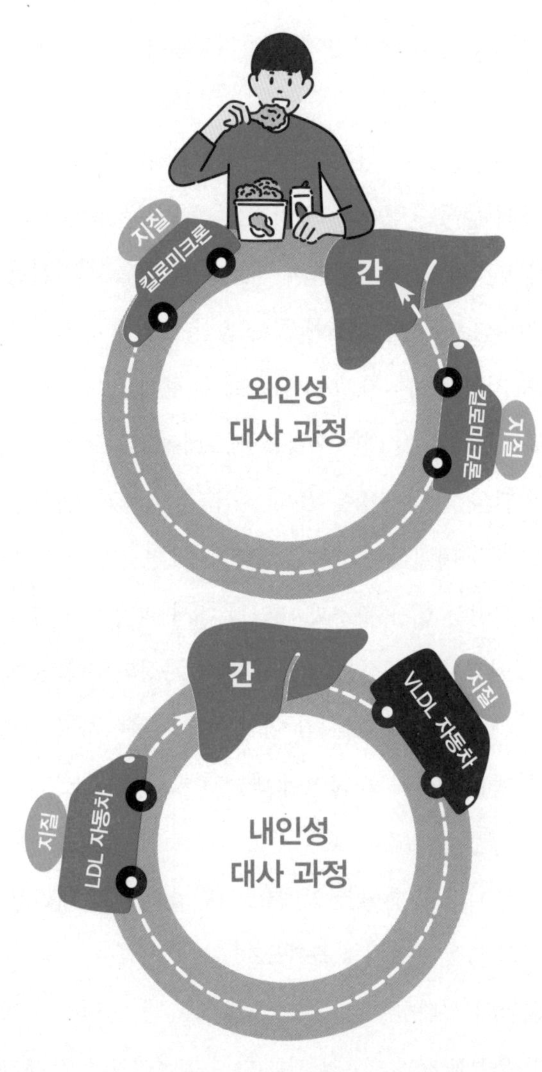

외인성 대사 과정[47](위)과 내인성 대사 과정(아래)[48]

는 지질은 외인성 대사 과정에 있는 지질일까요, 내인성 대사 과정에 있는 지질일까요?

정답은 내인성 대사 과정에 있는 지질입니다. 다시 말해 음식 섭취를 통해 늘어난 혈액 속의 지질을 검사하는 것이 아니라, 간 자체에서 포장하고 새로 만들어 내보낸 혈액 속의 지질만 체크하는 것입니다. 당연히 그래야겠죠. 음식 섭취를 통해 일시적으로 상승한 지질이 아니라 우리 몸속에 늘 존재하는 지질이 장기적으로 문제를 일으킬 테니 후자를 체크해야죠.

방금 외인성 대사 과정은 음식 섭취 후 12시간, 내인성 대사 과정은 24시간 내내 진행된다고 했어요. 그렇다면 음식 섭취 후 12시간은 외인성 대사 과정과 내인성 대사 과정이 동시에 일어납니다. 혈액검사의 목적은 내인성 대사 과정의 지질만 체크하는 것이니, 반드시 식후 12시간 이상 공복을 유지하고 검사해야 합니다. 혈액검사 전에 왜 굶어야 하는지 이해가 되죠?

이제 핵심 내용이 하나 남았네요. 어떤 상황에서 내인성 대사 과정에 있는 지질이 넘쳐 흐를까요?

지질을 많이 섭취한 때일까요? 일부 맞지만, 본질적인 정답은 아닙니다. 음식물 쓰레기통의 예를 다시 떠올려보죠. 쓰레기통이 넘쳐 흐르는 본질적인 원인은 쓰레기를 비우는 양보다 많은 양을 넣어서 어느 순간 쓰레기통이 그 양을 감당할 수 없는 시기에 이르렀기 때문입니다.

많이 먹고 운동하지 않으면, 먼저 우리 몸의 각 조직에 지질이 쌓입니다. 다시 말해 살이 찌죠. 살이 쪘다고 혈액 속에 지질이 넘쳐 흐르는 상태가 되는 것은 아니에요. 주변에서 뚱뚱한 친구는 혈중 지질이 정상 수준이고, 마른 친구가 오히려 높은 경우를 본 적이 있을 거예요. 이게 바로 그런 경우입니다. 살이 쪘다는 것은 우리 몸에 지방조직이 많아졌다는 뜻이지, 혈중 지질이 넘쳐 흐른다는 뜻이 아니라는 걸 꼭 아셔야 해요.

그렇다면 언제 혈중 지질이 넘쳐 흐르느냐! 정답은 인슐린 저항성이 생겼을 때입니다.[49] 지금부터 중요한 내용이 나오니 집중해서 들어보세요.

인슐린은 우리 몸에서 주로 혈당을 떨어뜨리는 기능을 하지만, 지질을 조직 곳곳에 축적하는 기능도 해요. 곳간에 쌓아두듯이 말이죠. 이렇게 쌓인 조직을 지방조직adipose tissue이라고 해요. 인슐린은 지방조직의 합성을 활성화합니다. 인슐린 저항성이 생기면 인슐린이 제대로 작용하지 못하니 지방조직이 분해되기 시작해요. 그래서 갖고 있던 지질 일부를 혈액 속으로 내뱉죠. 이 과정이 포인트입니다. 내뱉어진 지질이 혈액에 넘쳐 흐르면서 이 녀석들이 간으로 가서 지방간을 일으키고, 혈액을 돌아다니면서 혈중 지질의 상승을 만들죠.

짧게 정리하면 다음과 같습니다.

운동하지 않고 마구 먹어요.

→ 인슐린 저항성이 없는 상태라면 인슐린이 먹은 것을 몸의 곳간에 계속 쌓아둬요.

→ 살이 찌죠.

→ 그러다 어느 타이밍에 인슐린 저항성이 발생해요.

→ 곳간에 있던 지방조직이 분해되면서 혈액으로 나옵니다.

이 때문에 인슐린 저항성이 생긴 상태가 지속되면 음식을 적게 먹어도 계속 혈중 지질이 높게 유지되죠.

"앞으로 어떤 음식을 먹어야 하나요?

이 챕터 첫 부분에 있는 질문입니다. 왜 본질에서 멀어진 질문인지 이해가 되죠? 혈중 지질을 낮추기 위한 본질적인 접근 방법은 무엇일까요? **인슐린 저항성이 생기지 않게 우리 몸을 세팅해야겠죠.**

그렇다면 인슐린 저항성은 왜 생길까요? 여러 가지 위험 요인 중 내장 지방이 인슐린 저항성의 핵심 요인일 것으로 추정하고 있어요. 바로 복부 비만이죠.[50] 혈중 지질이 상승했다면 인슐린 저항성을 낮추기 위해 노력해야 하며, 그러기 위해 무엇보다 허리둘레 줄이기가 필요합니다. 허리둘레가 줄어들면 인슐린 저항성이 낮아져서 우리 몸의 지방조직이 혈중으로 지질을 내뱉는 행위를 멈추죠. 그렇게 되면 혈중 지질 농도도 자연스레 낮아집니다.

물론 저지방식이나 지중해 식단, 소식이 복부 비만을 없애는 데 도움이 됩니다. 그런데 음식의 종류가 혈중 지질을 관리하는 핵심 지표는 아니에요. 쓰레기통이 넘쳐 흐를 때 넣는 쓰레기의 종류가 중요한 게 아니듯 말이죠. 넣는 쓰레기보다 비우는 쓰레기를 많게 해서 마이너스 상태를 유지하는 것이 핵심 지표입니다.

음식 종류에 아무리 집착해도 복부 비만이 사라지지 않는다면, 인슐린 저항성이 그대로 존재하기에 혈중 지질을 낮추는 데 근본적인 도움이 되지 않고요. 기름진 음식을 아무리 많이 먹어도 복부 비만을 사라지게 할 자신이 있다면 인슐린 저항성이 낮아지기에 혈중 지질을 낮추는 데 도움이 됩니다. 그러므로 복부 비만에 포커스를 맞추세요. 허리둘레가 지질 관리의 핵심 지표입니다.

어떤 음식을 먹고, 음식을 얼마나 줄이고, 운동량을 얼마나 늘려야 배가 나오지 않는지 사람마다 다르다는 점이 중요합니다. 조금만 먹어도 바로 배가 나오는 사람이 있고, 아무리 먹어도 배가 나오지 않는 사람이 있잖아요. 여러분이 시행착오를 겪은 뒤 열량을 어느 정도 섭취하고 운동했을 때 허리둘레가 줄어드는 마이너스 상태가 되는지 밸런스의 기준을 찾아야 합니다.

저는 고기도 별로 먹지 않고 운동도 열심히 하는데, 혈액검사만 하면 이상하게 콜레스테롤이 높게 나와요.

방법이 잘못됐거나 제대로 하지 않고 있다는 뜻입니다.

콜레스테롤,
얼마나 떨어뜨려야 할까?

콜레스테롤을 떨어뜨려야 하는 궁극적인 이유가 무엇인가요? 바로 떠오르지 않는다면 처음부터 시작할 필요가 있습니다. 1부에서 설명한 내용을 간단히 짚어볼게요. 건강이라는 문제를 해결하기 위해서는 일단 건강을 구체적으로 재정의해야 하고, 재정의한 결과 건강은 '죽음의 가능성을 낮추는 것'으로 표현할 수 있다고 했습니다. 그리고 흔하게 죽음을 유발하는 요인 2위가 심혈관 질환이고, 고혈압과 당뇨, 고지혈증이 그 핵심 요인임도 알았습니다.

이제 느낌이 오나요? 콜레스테롤을 떨어뜨려야 하는 궁극적인 이유는 심혈관·뇌혈관 질환을 예방하기 위해서입니다. 한 발

더 나가서 심혈관 질환으로 죽을 가능성을 낮추기 위함이죠. 이 점을 항상 기억하고 모든 판단과 해석의 기준으로 삼는 게 중요합니다. 다음 사례를 보시죠.

친구 A와 B가 있습니다. 두 사람은 같은 날 같은 건강검진을 받고 혈액검사 결과를 비교했죠. 놀랍게도 같은 수치가 나왔습니다. A와 B는 LDL 129mg/dL로 정상 범위에 속하는데, 둘 다 안심해도 될까요? 그렇지 않습니다. A는 병력이 없고, B는 병력이 있었으니까요. (다음의 그림 참조)

방금 앞에서 고지혈증은 심혈관 질환의 핵심 위험 요인이라고 했죠. 같은 위험 요인이 두 사람에게 영향을 끼친다면 누가 더 피해를 볼까요? 당연히 B겠죠. 애초에 B가 A보다 심혈관 질환 발병 위험률이 높았으니까요. 이것이 심혈관·뇌혈관 질환 발병 위험을 기준으로 콜레스테롤에 대한 모든 판단과 해석을 해야 하는 이유입니다.

콜레스테롤 수치가 같아도 심혈관·뇌혈관 질환 발병 위험에 따라 누구에게는 정상 수치가 누구에게는 위험 수치일 수 있습니다. 즉 콜레스테롤의 위험도 사람에 따라 다르게 적용되니 의미를 일반화할 수 없다는 것이죠. 한국지질·동맥경화학회, 유럽심장학회, 미국심장학회는 고지혈증이 처음 발견됐다면 반드시

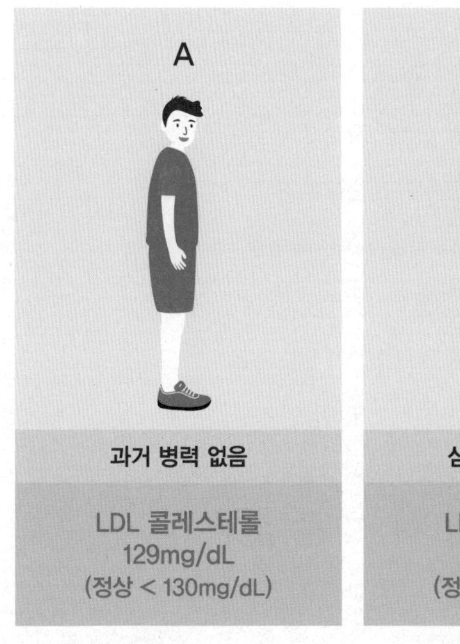

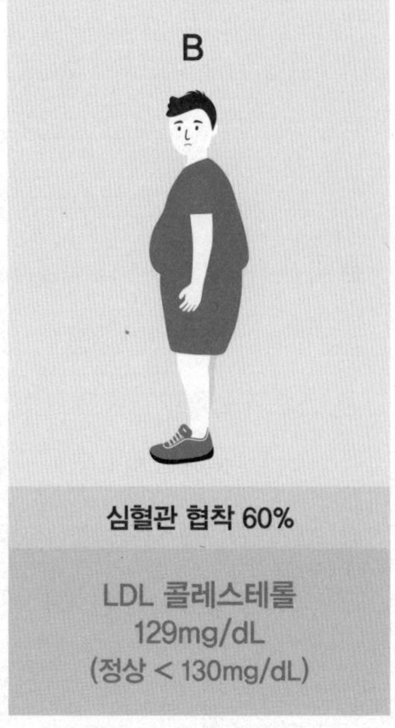

심혈관 질환 발병 위험을 우선적으로 평가하라고 권고하고 있어요.[51·52·53·54]

◆ 심혈관 질환 발병 위험도[55·56]

❶ 최고 위험군 : 10년 내 심혈관 질환 발병률 = 20% 이상

- 심혈관 질환 진단된 경우

❷ 고위험군 : 10년 내 심혈관 질환 발병률 = 10~20%

- 허혈성 뇌혈관 질환, 경동맥 질환, 복부 대동맥류, 말초동맥 질환

진단된 경우

- 당뇨 10년 이상 된 경우
- 당뇨 + 심혈관 질환 위험 인자 동반된 경우
- 당뇨 + 당뇨로 인해 장기가 손상된 경우

❸ 중간 위험군 : 10년 내 심혈관 질환 발병률 = 5~10%

- 당뇨 10년 미만인 경우
- 당뇨 + 심혈관 질환 위험 인자가 없는 경우
- 심혈관 질환 위험 인자가 2개 이상인 경우

❹ 저위험군 : 10년 내 심혈관 질환 발병률 = 5% 미만

- 심혈관 질환 위험 인자가 1개 이하인 경우

★ 심혈관 질환 위험 인자

- 고령(남자 45세 이상, 여자 55세 이상), 심혈관 질환 가족력, 고혈압, 흡연, HDL 콜레스테롤이 낮은 경우

각 위험도에 따라 콜레스테롤을 어느 수준까지 떨어뜨려야 하는지 다음과 같이 권고하죠.

◆ 심혈관 질환 발병 위험에 따른 LDL 콜레스테롤 목표치[57]

❶ 최고 위험군 : LDL 콜레스테롤 < 55mg/dL

❷ 고위험군 : LDL 콜레스테롤 < 70mg/dL

❸ 중간 위험군(당뇨 있는 경우) : LDL 콜레스테롤 < 100mg/dL

❹ 중간 위험군(당뇨 없는 경우) : LDL 콜레스테롤 < 130mg/dL

❺ 저위험군 : LDL 콜레스테롤 < 160mg/dL

위험도가 올라갈수록 LDL 콜레스테롤을 많이 감량해야 합니다. 이유는 하나, 그래야 심혈관 질환 발병률이 감소하기 때문입니다.[58]

A와 B 사례를 다시 봅시다. A는 저위험군(목표치 : LDL < 160mg/dL)에 해당하므로 적절히 조절하고 있다고 판단할 수 있는 반면에, B는 최고 위험군(목표치 : LDL < 55mg/dL)에 해당하므로 하루 빨리 약의 용량을 늘리거나 새로운 약을 추가해서 콜레스테롤을 더 감량해야죠. 다시 말해 B는 안심해선 안 되는 상황입니다.

의사가 B에게 현재 복용중인 고지혈증약의 용량을 늘리자고 제안합니다. B가 건강에 대한 구체적인 정의가 돼 있고 콜레스테롤이 자신에게 어떤 의미인지 명확히 인지하고 있다면, 의사의 제안을 바로 수긍할 가능성이 높습니다. 그 제안이 심혈관 질환 발병 위험을 낮추는 일임을 이해하기 때문이죠. 그러나 B가 건강에 대한 정의가 돼 있지 않고 콜레스테롤의 의미를 제대로 알지 못한다면, "약 용량을 늘리면 몸에 안 좋지 않을까요?"라고 할 가능성이 높습니다.

진료 현장에서 만나는 고지혈증 환자분 열에 아홉은 B처럼 반응합니다. 사실 B처럼 생각하는 게 당연합니다. 심혈관 질환 발병 위험 평가를 받아본 적이 없는 경우가 대부분이기 때문이죠. 그러다 보니 고지혈증약을 콜레스테롤 수치만 떨어뜨리는 약으로 인지합니다. 심혈관 질환 발병 위험이라는 의미와 상관없이 콜레스테롤 수치에 매몰됐으니, '고작 그 수치 좀 떨어뜨리자고 무리하게 약 용량을 늘려도 될까?'라는 생각으로 이어질 수밖에요. 우선순위가 무엇인지 판단이 어려워진 사고의 흐름입니다.

콜레스테롤이 높은 것이 발견됐을 때 가장 먼저 할 일은 심혈관 질환 발병 위험도 평가입니다. 그러므로 이 평가를 받아본 적이 없는 채로 스스로 관리하거나 약만 복용중이라면, 지금 본질적인 문제 해결에서 완전히 벗어났다고 할 수 있습니다. 지금 의사를 만나 여러분의 심혈관 질환 발병 위험도부터 확인해보세요.

콜레스테롤 수치가 정상 범위에 속해 있을지라도 여러분에게는 정상이 아닐 수 있습니다.

당뇨가 있다면 가장 먼저 해야 할 일

당뇨를 치료해야 하는 이유도 마찬가지입니다. 궁극적으로는 심혈관 질환으로 사망할 가능성을 낮추기 위해서죠. 여기서 당뇨도 고지혈증 치료 방법처럼 심혈관 질환 발병 고위험군이라면 저위험군보다 혈당을 많이 떨어뜨려야 하지 않을까 생각할 수도 있을 거예요. 그러나 그렇진 않습니다. 당뇨 환자는 심혈관 질환 발병 고위험군이든, 저위험군이든 감량해야 할 혈당의 목표치는 같습니다(당화혈색소 〈 6.5%).[59] 혈당을 많이 떨어뜨리면 오히려 저혈당 위험성이 증가하기 때문이죠.[60] 그렇다면 고위험군은 어떻게 치료해야 그 위험도를 낮출 수 있을까요? 정답은 새로운 당뇨약을 추가하는 것입니다.

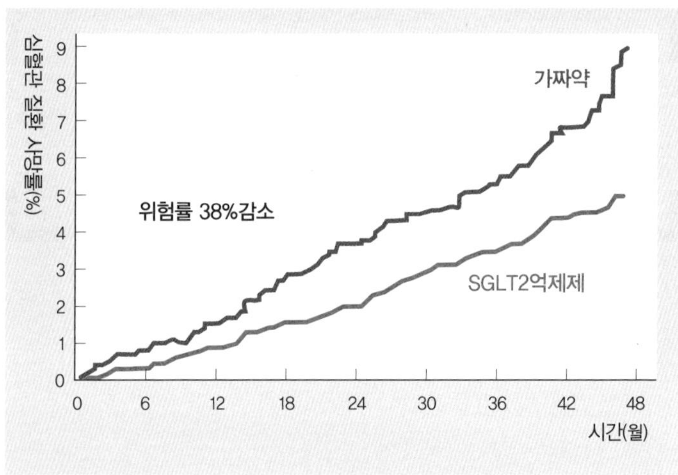

SGLT2억제제라는 당뇨약이 있습니다. 포도당이 콩팥으로 다시 흡수되는 과정을 억제해서 소변으로 당이 빠져나가게 하죠. SGLT2억제제는 초창기에 오로지 혈당 조절을 위해 쓰이다가, 2015년에 한 연구 데이터가 발표되면서 이 약에 엄청난 기능이 있다는 것이 밝혀졌어요. 심혈관 질환 발병 위험률이 높은 당뇨 환자가 SGLT2억제제를 복용하면 심혈관 질환에 따른 사망률이 현저하게 감소한다는 것입니다.[61] 단순 혈당 조절 수준을 넘어 당뇨 환자의 생명을 연장하는 효과가 입증됐죠.

그리하여 2019년을 기점으로 전 세계적으로 새로운 당뇨 치료법이 추가됐습니다. 심혈관 질환 발병 위험률이 높은 당뇨 환자라면 반드시 SGLT2억제제를 복용해야 한다고 말이죠.[62] 그 뒤 당뇨 약물 치료법 알고리즘의 큰 틀이 바뀝니다.[63·64] "당뇨 환자라면 SGLT2억제제를 먹어야 할 사람인지 아닌지부터 확인하세요!"라고 말이죠. 약 하나가 치료의 전체 틀을 바꾸다니 엄청나죠. 사망률을 40% 가까이 낮출 만큼 드라마틱한 효과였기에 그럴 만도 합니다.

그러므로 여러분에게 당뇨가 발견됐을 경우, 가장 먼저 SGLT2억제제를 먹어야 할 대상인지 아닌지 확인해야겠죠. 바꿔 말하면 당뇨에 따른 심혈관 질환 발병 고위험군인지 아닌지 체크해야 합니다. 그 기준은 다음과 같습니다.[65·66]

심혈관 질환 발병 고위험군 체크리스트

❶ 심혈관 질환이 진단된 경우

❷ 허혈성 뇌혈관 질환, 경동맥 질환, 복부 대동맥류, 말초동맥 질환이 진단된 경우

❸ 당뇨 10년 이상 된 경우

❹ 당뇨 + 고령(55세 이상)이면서 심혈관 질환 위험 인자가 동반된 경우

- 심혈관 질환 위험 인자 : 고혈압, 고지혈증, 흡연, 비만

❺ 당뇨 + 당뇨에 의해 장기가 손상된 경우

- 당뇨에 의해 콩팥이 손상된 경우(단백뇨, 사구체여과율 감소)

- 신경이 손상된 경우(신경병증)
- 망막이 손상된 경우(망막병증)

여러분은 해당 사항이 있나요? 해당 사항이 하나라도 있다면 여러분은 고위험군으로 간주합니다. 해당 사항이 하나도 없다면 고위험군이 아니라고 해석할 수 있을까요? 안타깝게도 그렇지 않습니다. 고위험군이 아니라고 말하려면 한가지 전제가 있어야 하기 때문이죠. 병원에서 당뇨 정밀 검사를 받고, 그 결과 위의 해당 사항이 없다는 것이 객관적으로 입증이 됐을 때 고위험군이 아니라고 말할 수 있으니까요. 대한당뇨병학회는 당뇨 합병증 관리를 위해 다음 항목 검사를 주기적으로 받도록 권고합니다.[67]

❶ 혈액검사
- 해마다 평가 : 콜레스테롤, 콩팥 기능(크레아티닌), 전해질(칼륨), 간 기능, 비타민 B12
- 3개월마다 평가 : 당화혈색소

❷ 소변검사 : 해마다 단백뇨 평가

❸ 안과 검사 : 해마다 당뇨성 망막병증 평가

❹ 신경 검사 : 해마다 당뇨성 신경병증 평가

주기적으로 검사받고 있나요? 정말이요?

병원에서 주기적으로 이 검사들을 받고 있고, 담당 의사에게 이상 소견이 없다고 들었다는 가정하에 얘기하겠습니다. 안타깝게도 이 검사들을 통해 위험도 평가를 하는 것이 100% 완벽하다고 할 순 없습니다. 사람이 만든 기준이니까요. 그러므로 이 검사로 모든 고위험군 환자를 찾아낼 순 없습니다. 다시 말해 이 검사 결과가 모두 정상이라고 해도 고위험군일 수 있습니다. 미국당뇨병학회와 유럽심장학회는 이 점을 보완하기 위해 초음파나 CT 같은 여러 영상 검사를 추천합니다. 그러나 이 또한 연구 데이터가 충분하지 않고, 의견이 나라별로 일치하지 않아 "이걸 하라"고 명확히 말할 지침은 없습니다.

그중에서도 그나마 각국에서 공통적으로 권하는 검사가 하나

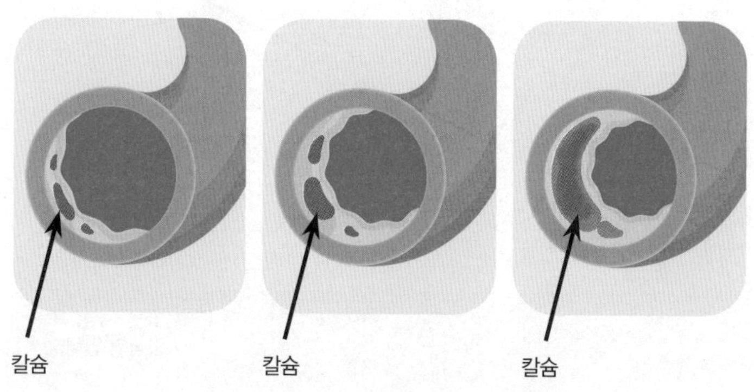

심혈관(관상동맥) 칼슘 측정 CT 촬영

있습니다. 바로 심혈관에 칼슘이 쌓인 양을 측정하는 CT 검사입니다.[68·69] 줄여서 심혈관(관상동맥) 칼슘 측정 CT라고 하죠.

단어가 좀 생소하죠? 왜 혈관의 칼슘을 측정하라고 하는지 간단히 설명할게요. 혈관이 높은 혈압이나 콜레스테롤, 혈당 등의 스트레스를 지속적으로 받으면 혈관 벽을 이루는 세포가 위 그림처럼 석회화하기 시작합니다.[70] 혈관에 칼슘이 쌓이는 거죠. 반대로 얘기하면 혈관에 쌓인 칼슘이 많다는 것은 혈관이 높은 혈압과 콜레스테롤, 혈당의 스트레스에 오랜 시간 노출됐다는 뜻입니다. 즉 혈관이 기름 찌꺼기에 의해 좁아졌을 가능성이 높죠.

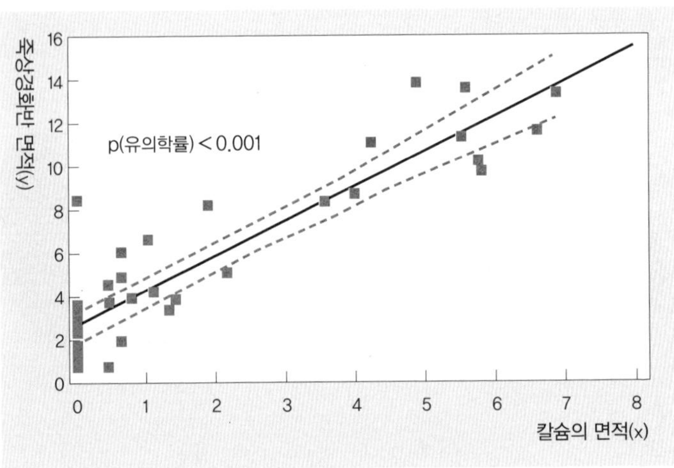

칼슘의 면적(x)과 죽상경화반 면적(y)의 관계

실제 연구 데이터를 보면 혈관에 쌓인 칼슘이 많을수록 죽상경화반(찌꺼기)이 커질 확률도 높습니다.[71] 그래서 심혈관 칼슘 측정 CT를 찍어 칼슘이 쌓인 양으로 심혈관 질환 발병 위험을 추정해보라는 것입니다. 유럽심장학회는 당뇨 환자가 심혈관 칼슘 측정 CT를 찍어서 칼슘 총량이 100점 이상일 경우, 심혈관 질환 발병 고위험군으로 분류할 수 있다고 안내하죠.[72]

지금까지 내용을 요약하면 다음과 같습니다.

(1) 당뇨가 있다면 병원에서 주기적으로 검사받아야 한다. 검사의 주 목적은 심혈관 질환 발병 위험 평가다.

(2) 검사 체크리스트에 해당하는 게 있다면 고위험군이다.

(3) 심혈관 칼슘 측정 CT 검사 결과 칼슘 총량이 100점 이상이어도 고위험군이다.

(4) 고위험군이라면 반드시 SGLT2억제제를 복용한다.

2019년에 발표된 DECLARE-TIMI58이라는 연구에 매우 흥미로운 데이터가 있어요.[73] SGLT2억제제를 복용한 그룹과 복용하지 않은 그룹의 혈당치는 차이가 없었다는 것입니다. 그럼에도 SGLT2억제제를 복용한 그룹에서 심혈관 질환 사망률이 더 감소한 결과를 보였죠. 이게 무엇을 의미할까요?

"선생님, 저는 혈당이 잘 조절되고 있는데 약을 계속 먹어야 하나요?"

당뇨가 있다면 혈당을 잘 조절하는 것은 매우 중요한 일입니다. 그러나 당뇨 치료의 궁극적인 목적을 잊지 말아야 합니다. 치료의 목적이 오로지 혈당 조절로 세팅되면…

심혈관 질환 사망률을 더 낮출 수 있는 기회를 잃게 됩니다.

이 챕터를 읽었다면 당신은 목숨을 구한 것과 같다 : **심혈관 질환**

지금까지 내용을 충분히 숙지했다면 심혈관 질환 발병 예방이 건강을 지키는 데 얼마나 중요한지 느꼈을 거예요. 모든 관심을 심혈관 질환 발병 예방에 둬야 한다고 해도 과언이 아니죠. 독자분들 중에는 아마 심혈관 질환 발병 고위험군이거나, 이미 병이 생겼는데도 본인만 모르고 있는 경우가 분명 있을 겁니다. 그런 분을 위해 이번 챕터를 준비했습니다.

60세 남자 A는 건강에 관심이 많아 주변에 조언을 구했습니다. 그리고 조언대로 몸에 좋다는 식품을 챙겨 먹고, 운동도 시작했습니다. 살이 조금씩 빠지고 근육이 붙으면서 건강해 보인다는 소리를 들은 A는 운동

강도를 조금씩 높입니다. 그리고 한 달 뒤 A는 러닝머신에서 뛰다가 사망합니다. 사인은 심근경색에 따른 심장마비입니다.

뭔가 이상하죠. 운동은 체력을 향상하고 근력을 늘리는 등 신체에 이로운 효과를 주는데, 왜 A는 사망에 이르렀을까요? A가 이런 안타까운 일을 겪은 이유는 하나, 심혈관 질환이라는 개념에 대해 구체적으로 정의를 내려본 적이 없었기 때문입니다.

문제를 해결하는 첫째 원칙은 문제를 재정의하는 거라고 계속 말했죠. 여러분은 심혈관 질환이 무엇인지 정확히 알고 있나요? 순간 멈칫했다면 이 챕터를 집중해서 보기 바랍니다. 정의를 명확히 알면 많은 생각이 바뀔 겁니다.

운동하다가, 직장에서 일하다가, 집에서 자다가 죽은 채로 발견된 사례를 접해본 적이 있을 겁니다. 이를 급사sudden cardiac death라고 하죠. 갑작스레 심장마비를 일으켜서 사망했다는 뜻입니다. 급사는 대부분 자신에게 심장 질환이 있는지조차 몰랐던 경우 발생한다고 보고되고 있어요.[74]

어떤 심장 질환이 주로 급사를 일으킬까요? 심장 질환에도 여러 가지 종류가 있는데, 심혈관 질환이 급사 원인 중 가장 높은 비율로 보고되죠. 좀 더 구체적으로 얘기하면 관상동맥 질환으로 발생한 심근경색이 가장 흔한 원인으로 알려져 있습니다.[74] 여

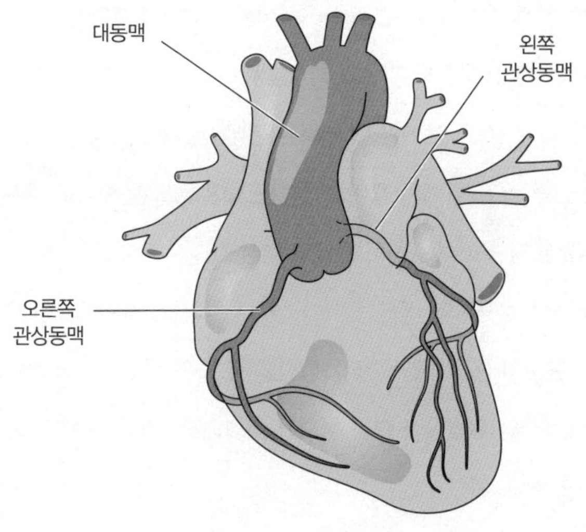

러분이 명확히 알아야 할 개념은 관상동맥 질환과 심근경색이겠죠? 하나씩 설명하겠습니다.

심장이 한 번 펌핑할 때마다 혈액이 대동맥에서 분출되어 온몸을 순환합니다. 심장에서 나온 일부 혈액은 관상동맥으로도 흘러갑니다. 관상동맥은 심장근육에 혈액을 공급하는 혈관이에요. 그러니까 심장 자신이 직접 펌핑을 해서 자신의 근육에 혈액을 공급하는 시스템입니다. 정말 특이하죠? 다시 말해 심장근육은 심장 펌핑 상태에 가장 직접적으로 영향을 받는 곳입니다. 이 정보를 기억하고 다음 내용을 봅시다.

- 관상동맥 질환의 정의 : 관상동맥에 찌꺼기가 껴서 좁아진 상태
- 관상동맥 질환의 종류[75·76·77]

(1) **심장근육에 공급되는 혈액이 부족한 상태(심근허혈 ○)**

❶ 협심증 : 관상동맥이 좁아져 심장근육에 필요한 혈액을 충분히 공급받지 못해서 흉통이 유발되는 상태

❷ 무증상 심근허혈 : 관상동맥이 좁아져 심장근육에 필요한 혈액을 충분히 공급받지 못하나, 증상을 못 느끼는 상태

❸ 심근경색 : ❶번이나 ❷번 상태가 악화해서 심장근육 조직이 괴사한 상태

(2) **심장근육에 공급되는 혈액이 충분한 상태(심근허혈 ×)**

관상동맥이 좁아졌으나 혈액 공급은 충분한 상태

관상동맥 질환의 종류를 최대한 이해하기 쉽게 두 가지로 분류했습니다. (1)이 (2)보다 훨씬 위험하다는 게 느껴지죠. (1)과 (2)를 나누는 핵심 기준은 심장근육에 공급되는 혈액이 부족하지 않은가, 바로 심근허혈 여부입니다. 그렇다면 이 질문을 해야겠죠.

심근허혈은 언제 생기는가?

관상동맥이 좁아질수록 심근허혈이 발생할 가능성이 높다는 게 통념입니다. 당연한 얘기죠. 혈액이 지나가는 통로가 좁아지면 혈액 공급이 줄어드니까요. 그러나 이게 100% 맞는 얘기는 아닙니다. 관상동맥이 50%만 좁아졌어도 누구에게는 심근허혈이 유발되는 반면, 누구에게는 전혀 유발되지 않기도 하기 때문이죠. 대표적인 예가 앞에 설명한 A입니다.

운동을 하면 신체는 더 많은 혈액 공급이 필요합니다. 그래서 심장이 더 빠르고 강하게 펌핑해야죠. 심장이 펌핑한다는 것은 심장도 운동한다는 뜻이에요. 즉 신체가 운동하면 심장도 운동해야 하니까 심장근육도 더 많은 혈액을 공급받아야 합니다. 그렇기에 관상동맥이 좁아진 경우, 휴식 중에는 아무렇지도 않은데 운동하면 문제가 발생하죠.

신체가 휴식하면 심장도 약하게 펌핑합니다. 그러므로 심장근육에 필요한 혈액량이 적어서 관상동맥이 좁아도 심근허혈이 발생하지 않습니다. 혈관이 좁아져서 혈액이 적게 공급되지만 애초에 필요한 양이 적었으니까요. 그러나 운동을 시작하면 심장이 휴식할 때보다 강하게 펌핑해야죠. 심장근육은 평소보다 많은 혈액이 필요합니다. 그러나 혈관이 좁아져 있기에 심장근육은 필요로 하는 만큼 혈액량을 공급받지 못하죠. 이때 발생한 이 미스매치 상태가 바로 심근허혈입니다.

종합하면 이렇습니다. 현재 여러분에게 심혈관 질환이 있을 가능성이 높다면, 이 상태에서 운동을 시작하는 것이 매우 위험한 일일 수 있습니다. 운동하는 과정에서 혈액이 심장근육에 필요한 만큼 공급되지 못해 심근허혈이 발생할 수 있기 때문이죠. 유럽심장학회는 운동법에 대해 다음과 같이 권고합니다.[78]

"심혈관 질환 고위험군인 사람이 강도가 높은 운동을 할 예정이라면, 그전에 꼭 심장 스트레스 테스트를 받아보세요."

- 고강도 운동 : 역도, 레슬링, 복싱, 아이스하키, 하키, 럭비, 펜싱, 테니스(단식), 수구, 축구, 농구, 핸드볼, 사이클, 수영(중장거리), 스케이팅(장거리), 5종 경기, 조정, 카누, 크로스컨트리 스키, 바이애슬론, 철인 3종 경기
- 심장 스트레스 테스트 : 운동 강도를 단계적으로 높여서 심장의 펌핑 능력과 맥박을 빠르게 만든 다음 심근허혈을 유발하는지 점검하는 검사

지금까지 내용을 보니 A의 사례가 무척 안타깝죠?

건강을 한 번만이라도 구체적으로 정의했다면
그래서 심혈관 질환의 개념을 구체적으로 알았다면

그래서 심혈관 질환 발병 위험 평가를 한 번이라도 받았다면

그래서 운동하기 전에 심혈관 질환 발병 고위험군에 맞게 검사와 치료를 받았다면

A는 허탈하게 목숨을 잃지 않았을 테니까요.

모두가 놓치는 질환 : 뇌혈관 질환과 부정맥

70세 남자 환자 B는 어느 날 한쪽 팔다리가 마비되는 증상으로 내원했습니다. 머리 MRI 검사 결과, 뇌혈관이 막힌 소견이 관찰됐습니다. 뇌경색이죠. 갑자기 뇌경색이 왜 생겼는지 알아보기 위해 추가적인 검사를 진행했고, 최종적으로 심장이 불규칙하게 뛰는 부정맥(심방세동)이 있었다는 게 확인됐습니다. 그동안 부정맥이 있는지 모르고 지내다가, 뇌경색이 합병증으로 발생한 사례죠.

뇌졸중이라는 표현을 들어본 적이 있죠? 뇌혈관이 막히거나 터져서 뇌 조직에 영향을 주게 돼 신경학적으로 문제가 생기는 질환입니다.[79] 여기서 뇌혈관이 막히면 뇌경색, 뇌혈관이 터지면 뇌출혈이죠. 뇌경색과 뇌출혈을 모두 포함해 뇌졸중이라고 합니다. 평균적으로 뇌출혈(15%)보다 뇌경색(85%)의 비율이 압도적으로 높은 것으로 보고되고요.[80] 본 챕터에서는 뇌경색에 포커스를 맞춰 설명하겠습니다.

뇌경색은 뇌혈관이 막히는 바람에 뇌 조직이 혈액을 공급받지 못해 괴사한 상태입니다. 그로 인해 신경학적 장애가 생기거나 사망에 이르죠. 심근경색과 비슷해요. 뇌혈관 질환이 흔한 사망 원인 상위권에 있었는데 기억하시나요? 건강해지는(즉 죽음의 가능성을 낮추는) 게 목적이라면, 심혈관 질환과 동시에 뇌혈관 질환을 예방하기 위해서도 최선을 다해야 합니다.

여러분은 뇌혈관 질환을 예방하는 핵심 방법을 이미 알고 있습니다. 심혈관 질환과 뇌혈관 질환을 유발하는 요인이 사실상 같기 때문이죠. 고혈압, 당뇨, 고지혈증, 흡연, 비만 등이 혈관에 찌꺼기를 쌓이게 하는 위험 요인이라고 했습니다.[81] 뇌경색을 예방하려면 첫째로 이 위험 요인을 치료하고 관리해야죠. 그런데 뇌경색은 심근경색과 달리 유발 요인이 하나 더 있습니다. 고혈압, 당뇨, 고지혈증이 완벽하게 조절돼도 이 요인이 존재하면 뇌경색은 유발될 수 있죠. 환자 B의 사례가 여기에 해당하는데, 유발 요인은 바로 부정맥입니다.

부정맥은 심장이 불규칙하게 뛰는 상태를 말하죠. 부정맥이

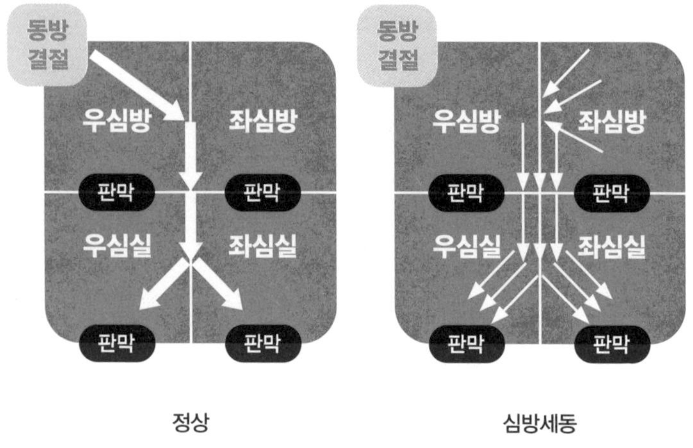

정상　　　　심방세동

어떻게 뇌경색을 일으키는지 이해하기 위해서는 심장의 구조를 알아야 합니다. 쉽게 설명할 테니 부담 갖지 마시고 천천히 따라오세요.

심장은 전기 자극에 따라 움직이는 장기입니다. 동방결절에서 전기가 생성돼 심방으로 흘러가 양쪽 심방을 자극한 다음, 심실로 흘러가 양쪽 심실을 자극하죠. 이것이 정상적인 심장의 전기 흐름입니다. 동방결절에서 전기가 항상 규칙적으로 생성되기에 심장을 규칙적으로 자극하고, 결과적으로 심장도 규칙적으로 뛰게 되죠. 부정맥은 이 전기의 흐름이 고장 난 것입니다. 전기가 엉뚱한 곳에서 생성된다거나, 전기가 흐르지 말아야 할 곳으로 흐른다거나, 전기 흐름이 막혀 심장이 불규칙하게 뜁니다.

전기 흐름이 고장 난 상황에 따라 부정맥도 다양한 형태로 나타나요. 전기가 동방결절이 아닌, 좌심방에서 불규칙적으로 생성되는 바람에 전반적인 전기 흐름에 혼란을 가져오는 부정맥을 심방세동이라고 합니다. 심방세동이 뇌경색을 일으킵니다.

심방세동이 생기면 좌심방이 제멋대로 뛰죠. 그로 인해 좌심방이 비대해지고, 좌심방 내부의 혈액순환이 원활하지 않으면서 혈액 찌꺼기가 생깁니다. 이 혈액 찌꺼기가 뇌 쪽으로 날아가서 뇌혈관을 막아버리죠. 뇌경색 환자 네 명 중 한 명에서 발병 원인이 심방세동으로 보고되니 매우 높은 비율입니다.[82] 반대로 심방세동을 조기에 발견해서 조치하면 뇌경색 위험을 25% 낮출 수 있다는 뜻이죠.

여기서 심방세동이 왜 생기는지 아는 게 포인트입니다. 그래

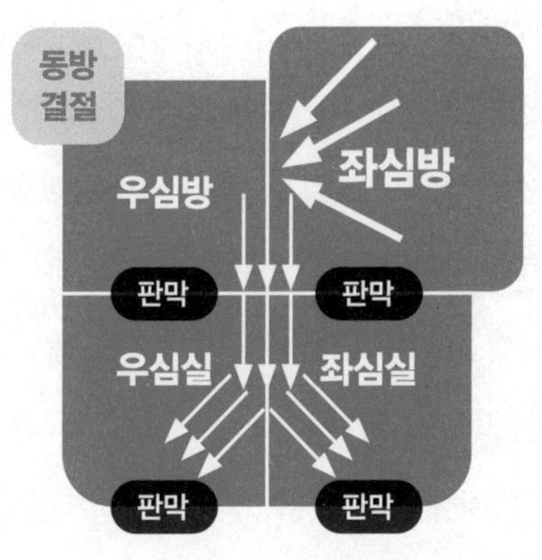

야 심방세동을 예방하고, 뇌경색도 예방할 수 있을 테니까요. 유럽심장학회는 심방세동의 위험 요인을 다양하게 표현했습니다.[83]

심장판막 질환, 심부전, 관상동맥 질환, 기타 혈관 동맥경화증, 급성기 질환, 수술, 활동 저하, 지나친 운동, 이상지질혈증, 음주, 흡연, 비만, 수면무호흡증, 만성 폐쇄성 폐 질환, 자가면역 질환, 갑상샘 질환, 만성 콩팥 질환, 당뇨, 고혈압, 코카서스 인종, 남성, 기타 부정맥, 가족력, 공기 오염, 고령

이 부분이 참 안타깝습니다. 위험 요인이 많다는 것은 결정적 요인이 무엇인지 모른다는 뜻이니까요. 그나마 고령이 강력한 유발 요인이라고 알려졌는데, 나이 드는 걸 막을 순 없잖아요. 그래서 심방세동이 생기지 않게 예방하기는 매우 어려운 일입니다. 그렇다면 예방법이 없을까요? 심방세동을 예방할 수 있는 유일한 과학적인 방법은 앞에서 말한 모든 위험요인들로부터 멀어지는 것인데, 현실적으로 어렵죠. 그래서 유럽심장학회는 다음과 같이 권고합니다.

'심방세동 위험 요인에 노출됐다면 심전도검사로 심장 리듬을 자주 체크하세요!'

심방세동을 조기에 발견해서 치료할 경우 심혈관·뇌혈관 질

환 합병증이 크게 줄어드는 것으로 보고되기 때문입니다.[84] 완벽하게 예방할 수 없으니 조기에 발견하자는 것이죠. 40세만 넘어도 심방세동 발병 위험이 증가하기 시작하고,[85] 60세가 넘으면 그 위험이 급등합니다. 그래서 60세 이상에서는 주기적인 심전도검사를 필수적으로 권고합니다.[86]

여기서 B의 얘기로 돌아가겠습니다. 뇌경색을 진단받고 그 원인이 부정맥이라는 게 밝혀졌을 때, B는 큰 충격에 빠졌습니다. B는 10여 년 동안 국가 건강검진을 정기적으로 꾸준히 받았으나, 부정맥에 관한 이야기는 한 번도 들어본 적이 없기 때문입니다. 그런데 부정맥이 아무런 치료 없이 방치됐다니 충격이었죠. 여러분도 B의 사례가 황당하고 어이없게 보일 겁니다. 그러나 진료 현장에서는 흔하게 발생하는 일입니다. 아니 흔하게 발생하는 것이 당연합니다. 국가 기본 건강검진에 심장 리듬을 체크하는 심전도검사가 빠져 있기 때문입니다.

B는 심장 리듬 체크를 애초에 받아본 적이 없어요. 그러니 부정맥이 생겼어도 방치될 수밖에요. 사연을 알고 나니 이유가 정말 허탈하죠?

과거에는 심전도검사 한번 받기가 절대 쉬운 일이 아니었습니다. 심전도검사 장비와 심전도를 해석할 의료 전문가가 필요하니

병원에서만 검사할 수 있었죠. 그러나 이제는 세상이 바뀌었잖아요. 기술이 발달해 휴대용 의료 기기로 심전도 체크가 가능합니다. 대표적인 기기가 스마트 워치입니다. 웬만한 휴대용 기기보다 심방세동을 찾는 데 민감도가 높은 것으로 보고돼서, 심전도 체크를 위해 스마트 워치를 적극적으로 이용하도록 권고합니다.[87]

연세가 많은 분에게 선물할 일이 있다면 스마트 워치보다 좋은 게 없습니다. 간단한 심전도 체크로 부정맥을 조기에 찾아내고, 뇌혈관 질환을 예방하며, 죽음의 가능성까지 낮출 수 있으니까요.

그냥 시계가 아니라 생명의 시간을 늘려주는 시계입니다.

질병을 진짜로 예방하는
과학적 방법

나이가 들수록 하나둘 병이 생기고, 아픈 사람 소식이 들리기 시작합니다. 그러다 보면 걱정이 늘고, 뭔가 예방 조치를 해야겠다는 생각이 들죠. 때마침 TV에서 요즘 치매가 늘고 있다는 뉴스가 나옵니다. 인터넷에 '치매'를 검색하니 이럴 수가! 치매를 예방하는 영양제가 무수히 나옵니다. 나도 모르게 맨 위에 있는 쇼핑몰 사이트로 들어가 치매 예방 영양제를 구매합니다.

어디서 많이 본 모습이죠? 대다수 사람이 병을 예방하는 방법입니다. 이런 모습은 신기하게 유행을 타서 주기적으로, 반복적으로 나타나죠. 그러다 시간이 흐르면 다시 사라집니다. 결과적으로 내게 바뀐 것은 없습니다. 병의 본질을 건드리지 않았기 때문입니다. 다음 대화를 보시죠.

- 고객 실패를 예방하고 싶어요.
- 전문가 실패는 도전했을 때 생깁니다. 어떤 도전에 대한 실패를 예방하고 싶은가요?
- 고객 저는 투자에 도전하고 싶고 실패하고 싶지 않아요.
- 전문가 그런데 왜 저를 찾아오셨죠? 저는 연애 실패 상담가인데요.
- 고객 실패 전문가라면서요.

고객은 투자 실패 전문가에게 가야 했는데, 전문가를 잘못 찾았죠. 이런 일이 생기는 이유는 딱 하나입니다. 실패를 구체적으로 정의하지 않았기 때문이에요.

'실패 = 무언가에 도전했으나 끝내 목표를 이루지 못한 상태'

이렇게 구체적으로 정의했다면 다음 질문은 당연히 '무언가'에 대한 내용이 됩니다. 그 '무언가'가 투자라면, 투자 실패에 대한 예방책이 필요하니 투자 실패 전문가에게 상담을 받는 것이 논리적 사고 흐름이죠. 그래서 내게 투자 실패의 위험 요소가 있는지 확인하고, 그 요소가 발견됐다면 고치는 것이 투자 실패의 본질을 건드리는 행위가 됩니다.

치매라는 병을 예방한다고 합시다. 먼저 치매를 구체적으로 정의해볼까요?

'치매 = **어떠한 원인**으로 기억, 언어, 판단력 등 여러 영역의 인지 기능이 떨어져서 일상생활에 상당한 지장이 나타나는 상태'

이렇게 정의하니 다음 질문이 눈에 딱 보입니다. '어떠한 원인'에 무엇이 있는지 확인해야죠. 치매를 일으키는 원인은 다음과 같습니다.[88]

치매를 일으키는 원인	빈도(%)
알츠하이머병	50
뇌혈관성 치매	10
알코올성 치매	7
뇌종양	5
수두증	5
유전 질환(헌팅턴 무도병)	2
약물중독(향정신성의약품)	3
머리 외상	2

치매를 일으키는 원인	빈도(%)
에이즈 치매	2
가짜 치매	8
기타 내과 질환에 의해 나타난 치매(간부전, 갑상샘 질환, 아밀로이드증, 다발성경화증, 만성 뇌전증, 광우병 등)	6

추가 정보를 드리면 알츠하이머병은 아직 원인과 치료, 예방이 명확하게 밝혀지지 않은 질환입니다.[89] 뇌종양, 수두증, 유전 질환, 기타 내과 질환은 내 의지와 상관없이 생길 수 있는 원인이죠. 그렇다면 이들을 제외하고 나머지 중 내 의지로 제어할 수 있는 원인을 직접 확인해보죠.

에이즈 치매(2%), 머리 외상(2%),

알코올성 치매(7%), 뇌혈관성 치매(10%)

HIV(에이즈)에 감염되거나 머리를 다친 적이 없다면, 술을 줄이고 뇌혈관 질환에 걸리지 않게 최선을 다하는 것이 치매를 예방하는 최선의 결정이라고 볼 수 있습니다. 그로 인해 위험도를 21%(2+2+7+10%) 줄일 수 있기 때문이죠. 심혈관·뇌혈관 질환의 핵심 유발 요인에는 흡연, 당뇨, 고혈압, 고지혈증, 비만, 활동량 감소가 있다는 것을 앞 챕터에서 배웠습니다. 그렇다면 내 의지로 도전할 수 있는 치매 예방의 본질은 다음과 같죠.

술과 담배를 하지 않고

고혈압·당뇨·고지혈증이 있는지 항상 체크하고,

있다면 치료하고

비만을 개선하고

활동량을 늘리는 것

• 기타 : HIV 감염 조심, 머리 외상 조심

처음으로 돌아갈까요? 컴퓨터 앞에서 치매 예방법을 찾는 여러분. 여러분이 찾은 방법은 치매 예방의 어떠한 본질을 건드리나요? 치매를 정의하지 않고, 원인을 알아보지 않고, 내게 어떤 위험이 있는지 알아보지 않고 본질에 가까워질 수 있을까요?

문제를 해결하고 싶다면 해결책보다 문제의 본질을 먼저 찾아야 합니다. 본질을 건드렸을 때 문제가 해결되기 때문이죠. 그렇다면 어떻게 해야 문제의 본질을 볼 수 있을까요? 문제를 구체적으로 정의하고, 그와 관련된 정보의 의미를 드러나게 하면 됩니다. 팔란티어의 문제 해결 공식대로 말이죠. 여러분이 어떤 질병을 제대로 예방하고 싶다면 다음 네 가지를 꼭 기억하기 바랍니다.

(1) **질병을 구체적으로 정의한다**(문제 재정의).

(2) **질병을 유발하는 원인을 확인한다**(문제와 관련된 정보 찾기).

(3) **그 원인이 나에게 있는지 확인한다**(정보의 의미 확인).

(4) **그 원인을 교정한다**(문제 해결).

병의 본질을 건드리세요.

부모님 거동이 힘드셔서요

환자가 거동이 불편하면 병원에 오가기 힘들죠. 이런 경우 대체로 보호자가 환자 대신 처방전을 받으려고 내원합니다. 대리 처방을 하러 온 보호자와 얘기하다 보면 이런 경우가 종종 있습니다.

"지난 석 달 동안 환자분에게 특별한 변화가 없었나요?"

"글쎄요…."

보호자가 대답을 잘 못 하죠. 보호자도 환자를 석 달 만에 보기 때문입니다. 환자가 평소 어떤 질환을 앓고, 현재 어떤 상태이고, 어떤 치료를 진행 중인지 아는 경우는 극히 드뭅니다. 병원에 온 것 뿐이니까요. 의사가 그 환자를 직접 다시 보기 위해서는 환자가 앰뷸런스를 타고 올 정도로 병이 악화해야 합니다. 그 정도 상황이 됐을 때 보호자가 비로소 환자를 의사에게 직접 보여줘야겠다고 필요성을 인지하기 때문이죠. 이런 상황을 자주 겪다 보니, 환자와 보호자가 늘 함께 내원하다가 어느 날 "아버지가 몸이 불편하셔서요. 앞으로는 제가 대신 약을 받으러 와도 될까요?"라고 하면 의사로서는 매

우 안타까운 마음이 들 수밖에 없습니다. '이렇게 또 환자가 방치되겠구나.'

물론 보호자의 처지를 이해하지 못하는 것은 아닙니다. 힘들게 부모님을 모시고 와서 한두 시간 기다렸는데, 정작 진료는 1~2분 만에 끝나죠. 부모님 모시고 오가느라 하루가 다 갔는데, 병원에서는 딱히 하는 게 없어 보입니다. 부모님이 거동이 불편한 상태라 병원에 오가다 골병드는 건 아닌지 걱정되죠. 차라리 부모님은 집에 계시고 내가 빨리 약을 받아 오는 게 모두를 위해서 좋은 일이 아닐까. 이렇게 판단할 수 있을 것 같습니다. 여기서 한번 생각해보죠. 그 판단이 정말로 부모님을 위한 것일까.

미국질병통제예방센터CDC는 65세 이상 노인이라면 앞으로 건강을 위해 다음과 같이 적극적으로 움직이도록 권고합니다.[90]

(1) 일주일에 최소 150분 이상은 가벼운 산책 정도의 운동을 해야 한다.

(2) 일주일에 최소 75분 이상은 조깅 정도 강도의 운동을 해야 한다.

(3) 일주일에 2일 이상은 근력 운동을 해야 한다.

(4) 이와 더불어 스트레칭 등으로 균형 감각 운동을 해야 한다.

사람의 근육은 움직이지 않으면 당연히 감소합니다. 노인이 될수

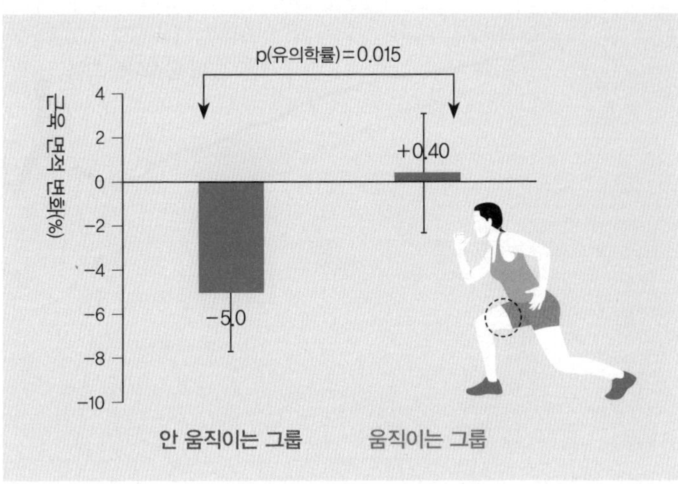

록 움직일 수 있는 그룹과 움직이지 못하는 그룹의 허벅지 근육량 차이는 현저하죠.[91] 근육이 감소하면 활동 반경은 더욱 줄어듭니다. 이는 만성질환 악화와 정서적 우울감 악화로 이어지죠.[92] 악순환이 시작됩니다.

노인이 되어 덜 움직일수록 사망률이 증가한다는 것은 오래전부터 알려진 사실입니다. 반대로 활동적으로 움직일수록 생존율은 현저히 증가하죠.[93] 부모님이 병원에 오가기 힘들다는 것은 일상적인 움직임에 제한이 생겼다는 뜻입니다. 방금 말한 데이터를 토대로 얘기하면 부모님의 사망률이 이전보다 높아졌다는 뜻이죠.

그렇다면 부모님의 사망률을 낮추기 위해 어떻게 해야 할까요?

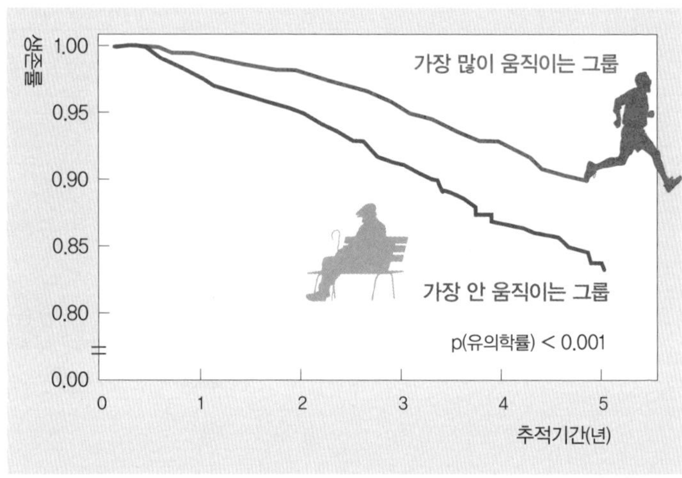

CDC 권고에 맞게 주어진 조건에서 최대한 많이 움직일 수 있게 도와드려야 합니다. 부모님이 불편감을 호소하더라도 근육량이 감소하지 않게 훈련해야죠. 그래야 사망할 확률이 높아지지 않으니까요. 부모님이 몸이 불편하다는 이유로 집에서 쉬게 하면, 두세 달에 한 번 병원에 오가는 운동마저 못 하게 한다는 뜻입니다.

"아버지가 몸이 불편하셔서요. 앞으로 제가 대신 약을 받으러 와도 될까요?"

누구를 위한 결정일까요? 몸이 불편한 사람은 집에서 쉬는 것이 건강에 좋은 일이라는 판단은 건강을 바라보는 매우 상대적인 기준에서 내린 결정입니다. 우리는 이 점을 명확히 짚고 넘어갈 필요가 있어요. 상대적인 기준이 내가 아는 지식을 토대로 반영한 기준인지, 눈앞에 있는 이익과 희생 때문에 판단이 흐려져서 내 의견을 반영한 기준인지 말이죠. 건강의 개념은 죽음의 가능성을 낮추는 일이라 했습니다. 부모님의 죽음의 가능성을 낮추기 위해

부모님을 집에서 쉬게 하는 게 나을까요, 아니면 어떻게든 몸을 움직이게 해서 병원에 오가게 하는 게 나을까요?

4부

빅데이터가 곧 닥터다

전문가의 실체

2018년 여름날, 한 고혈압 환자분이 내원해서 얘기했습니다.

"선생님, 제가 얼마 전에 건강검진으로 심장 CT를 찍었어요. 심혈관이 좀 좁아졌다고 해서 인터넷을 찾아보니 심장병이 있는 고혈압 환자는 혈압을 더 떨어뜨려야 한다더라고요. 제 혈압약 용량을 늘려야 하지 않나요?"

환자분 혈압은 135/80mmHg였습니다. 제가 내과 레지던트로 수련하던 시절에 심장병 환자의 혈압 치료 목표치는 140/90mmHg 이었습니다.[94] 그 기억을 바탕으로 이렇게 말씀드렸죠.

"환자분, 심장병이 있다고 혈압을 더 낮춰야 하는 건 아니에요. 혈압 조절이 잘되고 있으니 지금 약만 잘 드셔도 충분합니다." 며

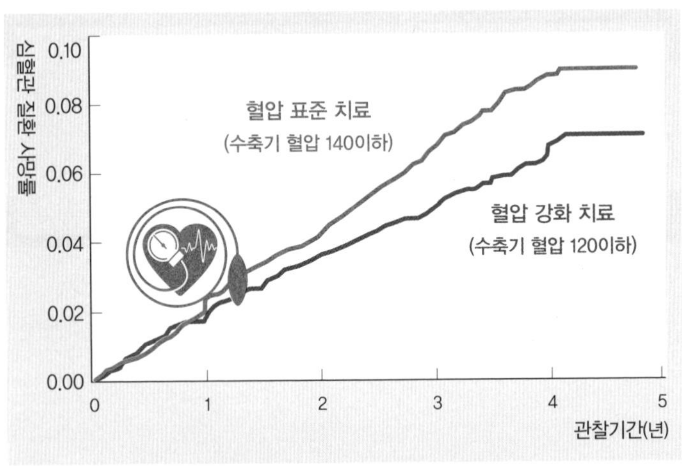

심혈관 질환 사망률 위험도 25% 감소

칠 뒤 제가 틀렸다는 걸 알게 됐죠.

제가 레지던트 수련을 마치고 2년이 지난 2015년, SPRINT라는 연구가 발표됩니다.[95] 심혈관 질환 발병 고위험군 사람들을 대상으로 한쪽은 종전 치료 방식대로 혈압을 140/90mmHg 이하, 다른 쪽은 종전 치료보다 강하게 120/90mmHg 이하로 유지하게 해서 3년을 관찰한 연구죠. 그 결과 위 그림과 같이 혈압을 더 많이 떨어뜨린 쪽이 심혈관 질환과 사망률이 20% 이상 감소했습니다. 그리하여 2018년을 기점으로 고혈압 환자의 처방 기준이 전 세계적으로 변경되기 시작합니다. 심혈관 질환 발병 위험이 높은 고혈압 환자라면 일반적인 고혈압 환자보다 강하게

(130/80mmHg 이하) 약을 조절하라고요.[96·97·98] 그렇다면 저는 왜 환자분에게 정확한 정보를 드리지 못했을까요? 이유는 단순합니다.

제가 새로운 정보를 업데이트하지 않았기 때문이죠.

전문가란 '특정 분야에 대해 일반인보다 많이 공부하고 많은 경험을 쌓은 사람'을 뜻합니다. 그 지식을 바탕으로 국가가 공인한 시험에 합격한 사람이기도 하죠. 이 전문가 시스템에는 두 가지 특이 포인트가 있습니다. 이 때문에 많은 사람이 전문가에게 큰 도움을 받지만, 동시에 피할 수 없는 문제를 겪기도 합니다.

첫 번째 특이 포인트 : 전문가는 사람이 아니라 사람들, 즉 집단을 칭하는 용어다.

전문가는 '사람'이 아니라 '사람들'이다 보니 생기는 문제가 있습니다. 새로운 지식이 출시돼도 모든 전문가가 동시에 그 지식을 업데이트하지 않는다는 점이죠. 전문가마다 새로운 지식을 업데이트하는 시기가 다릅니다. 누구는 빠르게, 누구는 느리게, 누구는 아예 안 하기도 합니다. 전문가는 이 모든 전문가를 총칭

하는 단어죠. 그래서 고객 집단 가운데 일정 비율은 전문가 집단에서 아직 새로운 지식을 업데이트하지 않은 일정 비율의 전문가를 반드시 만나게 됩니다. 제가 새 지식을 늦게 업데이트하는 바람에 환자에게 틀린 지식을 전달한 사례가 바로 여기에 해당하죠.

두 번째 특이 포인트 : 전문가의 자격이 시험 합격으로 주어진다.

의사 국가고시를 예로 들면, 시험문제 60% 이상을 맞혀야 합격합니다. 이는 100% 맞힌 사람과 60% 맞힌 사람이 동일한 의사 면허증을 받는다는 뜻이기도 하죠. 좀 더 적나라하게 표현하면 의사 집단에 의학 지식이 60점인 사람부터 100점인 사람까지 다양하게 존재한다는 뜻입니다. 그로 인해 환자 집단의 일정 비율은 의사 집단에서 의학 지식이 하위권인 일정 비율의 의사를 만날 수밖에 없죠.

전문가마다 지식의 양이 다르고, 새로운 지식을 업데이트하는 시기도 다릅니다. 이 두 가지 포인트가 전문가 사이에 큰 편차를 만들고, 우리 모두 은연중에 이 편차를 느끼죠. 몸에 큰 병이 생겼을 때, 지방에 있는 병원이 아니라 서울에 있는 대형 병원으로 가고 싶은 마음이 드는 이유가 바로 이것입니다. 서울에 있는 의사가 왠지 의학 지식이 더 많고, 새로운 지식도 빨리 업데이트할 것 같기 때문이죠.

전문가 사이에 편차가 생기는 문제를 해결할 방법이 있습니다. 100점짜리 전문가만 의사 면허증을 주고, 새로운 지식을 주기적으로 업데이트하지 않는 전문가는 자격을 박탈하는 겁니다. 그러면 편차가 줄어들 수밖에 없겠죠. 이렇게 전문가가 되는 커트라인을 올리면 어떤 일이 생길까요? 전문가 숫자가 감소합니다. 다시 말해 전문가에게 도움받을 사람 수가 줄어들죠.

어느 정도 수준을 전문가라고 할지 기준을 정하는 자체가 모순적입니다. 전문가의 수준을 높이자니(편차 감소) 숫자가 줄고, 전문가의 숫자를 늘리자니 수준이 떨어지기(편차 증가) 때문이죠. 그렇기 때문에 전문가를 공식적으로 인증하기 위해서는 기준이 필요합니다. 그 기준의 핵심 지표는 무엇일까요?

바로 사회적 합의점입니다. 전문가로서 수준이 적당히 높으면서도 사회에 현재 필요한 만큼 전문가가 배출될 수 있도록 문턱을 높이지 않는 중간 지점이죠. 전문가는 그렇게 탄생합니다.

이런 관점에서 전문가는 매우 사회적인 개념입니다.

전문가의 헛소리

식당에서 일을 시작한 지 5일째인 직원 A와 B가 있습니다. 아직 모르는 게 많아 먼저 일한 사수에게 배울 것투성이죠. 그러나 사수가 까탈스러워서 질문하기가 부담스럽습니다. 어느 날 손님이 물었습니다.

손님 여기요, 이 음식이 매운 편인가요?

직원 A 음… (고민하다가) 아니오, 드실 만할 거예요.

손님 여기요, 이 음식이 매운 편인가요?

직원 B 죄송해요, 제가 아직 일한 지 얼마 안 돼서 잘 모르거든요. 여쭤보고 말씀드릴게요.

두 경우 모두 공감이 되는 상황입니다. 직원 A와 B가 같은 지식이 있지만, 상황이나 심경에 따라 위와 같이 대답이 달라질 수밖에 없겠죠. 그러나 직원의 상황과 심경을 모르는 손님 처지에서는 어떨까요? 음식에 대한 정보를 아는 직원이나 모르는 직원으로 보일 뿐입니다.

무엇을 아는 것과 모르는 것이 정확히 어떤 의미일까요? 단순한 개념 같은데 막상 설명하려면 생각보다 어렵습니다. 무엇을 안다고 말하는 기준이 사람마다 다르기 때문입니다. 명확한 기준이 없죠.

어떤 개념을 누구는 10%만 알아도 안다고 말하고, 누구는 100%를 알아야 안다고 말합니다. 누구는 99%를 알아도 1%를 모르면 모른다고 말하고, 누구는 99%를 몰라도 1%를 알면 아는 척하죠.

고혈압에 관해 얘기한다고 합시다. 참고로 고혈압을 논할 때 알아야 할 개념은 다음과 같습니다.

고혈압의 정의, 역사, 진단 기준, 원인, 병태 생리, 증상, 예후, 필요한 검사, 비약물적 치료, 혈압약, 혈압약 부작용, 합병증, 생활요법, 유병률,

관련 연구, 가이드라인, 의학 교과서 내용

여러분이 다른 내용은 잘 몰라도 혈압약과 그 부작용에 대한 개념은 훤히 안다면, 그리고 이 타이밍에 누가 혈압약을 먹는 게 위험하지 않냐고 물어본다면 어떻게 답할까요? 여러분의 환경과 심경, '안다'와 '모른다'에 대한 자신의 기준에 따라 답이 달라지겠죠. 보수적으로 답을 회피하거나 확신에 찬 듯 답할 겁니다.

만일 "혈압약… 먹는 게 위험하지 않나요?"라고 물어보는 사람이 초롱초롱한 눈빛으로 여러분을 바라보고, 그 답을 반드시 듣고 싶어 하며, 여러분이 답하면 권위가 높아질 것 같다면, 그리고 여러분의 답이 맞았는지 틀렸는지 아무도 검증하기 어려운 상태라면 어떨까요? 이때는 답할 가능성이 매우 높아집니다. "당연하죠, 혈압약은 함부로 복용해선 안 됩니다."

자기 머릿속에 있는 정보와 어디선가 주워들은 정보, 상상한 정보로 완전히 새로운 이야기를 만들어내는 것, 공식적인 용어로 '헛소리'입니다. 일반적으로 사람들은 다음 같은 상황에서 헛소리하고 싶은 유혹에 빠집니다.

가진 정보는 제한적인데 반드시 답해야 하는 상황

답하면 내 권위가 높아질 것 같은 상황

답하지 않았을 때 내게 불이익이 생길 것 같은 상황

아무도 내 답을 검증하지 못하는 상황

쉽게 말해 헛소리가 나에게 이득이 되는 상황이죠. 이런 상황에 닥치면 이전에 '안다'는 기준을 50% 이상 지식이 있을 때로 설정했지만, 이제는 10% 이하까지 낮춥니다. 당연히 답은 헛소리에 가깝지만, 아무 상관이 없습니다. 남들은 5%도 알지 못하니까요.

'뭐, 헛소리할 수도 있지'라고 생각할 수도 있어요. 그런데 이런 헛소리에는 큰 문제가 하나 있습니다. 우리는 일상에서 앞에서 말한 네 가지 유혹에 자주 노출되기 때문에, 헛소리를 엄격히 제어하지 않으면 습관이 될 수 있다는 것이죠. 여기서 습관은 '안다'는 기준을 아무런 제어없이 낮추는 행위를 뜻합니다. 그러면 어떤 상황으로 이어질 수 있을까요? 지식수준이 매우 낮아도 진짜로 안다고 착각하게 됩니다.

다시 말해서 헛소리하고 싶은 유혹에 노출되지 않아도 헛소리하게 됩니다.

대화하는 상황이 아니라 혼자 생각하는 순간조차 헛생각으로 판단하게 됩니다. 자신의 '안다'는 기준이 매우 낮아진 상태로 세팅됐기 때문이죠. 그리고 정말 놀라운 점이 뭔지 아세요? 가장 헛소리하면 안 되는 사람, 가장 신뢰도 높은 의견을 내야 하는 사람, 바로 전문가일수록 다음과 같은 상황에 더 쉽게 노출된다는 겁니다.

가진 정보는 제한적인데 반드시 답해야 하는 상황

답해서 내 권위가 높아질 것 같은 상황

답하지 않았을 때 내게 불이익이 생길 것 같은 상황

아무도 내 대답을 검증하지 못하는 상황

전문가일수록 헛소리하고 싶은 최적의 환경에 놓이죠. 그러므로 전문가라면 자신의 기준에서 답을 알지 못하는 질문을 받으면 '모른다'고 말하기 위해 최선을 다해야 합니다. 모르는 질문을 받으면 직원 B처럼 모르는 걸 인정해야 한다는 겁니다.

물론 이는 정말 어려운 일이에요. 모르는 것을 인정하는 순간, 자신의 권위가 떨어진다는 느낌이 여실히 들기 때문이죠. 저 또한 같은 이유로 환자분께 헛소리한 사례를 앞 챕터에서 고백했습니다. 그러나 내가 모르는 것을 들키지 않으려 계속 몸부림치다보면 결과적으로 나 자신마저 속이게 된다는 걸 항상 인지할 필요가 있습니다. '안다'는 기준이 매우 낮게 세팅돼버려서 잘 모르는 것도 진짜로 안다고 착각하게 되는 것이죠. 그러므로 이렇게 볼 수 있어요.

내가 '모른다'는 걸 인정해야 하는 궁극적인 목적은 내가 모른다는 사실을 나에게 들키기 위함입니다.

다시 말해 내가 무엇을 알고 무엇을 모르는지 명확하게 알기 위해서죠. 여기서 한 발 더 나가 모르는 부분을 공부로 채우면, 나의 '안다'는 기준이 점점 상향 조정됩니다. 그렇게 '안다'는 기준을 높이는 과정이 전문가가 되는 과정이죠.

반대로 모르는 걸 모른다고 말할 수 있는 용기야말로 전문가가 반드시 갖춰야 할 자세입니다. 그러므로 여러분이 어떤 전문가를 만나서 질문했는데 그가 모른다고 하면, 적어도 기본은 갖춘 전문가라고 할 수 있습니다.

1부에서 건강은 완전 자율 주행 개념과 같다고 했습니다. 현재 과학기술 수준에서는 존재하지 않는, 일종의 이상향 개념이죠. 건강의 끝, 그 종착역(완전한 건강)이 어디에 있는지 모르기 때문입니다. 거꾸로 접근해 조금씩 다가가는 방식으로 그 개념을 가늠할 수밖에 없습니다. 그러므로 완벽을 얘기할 때 인간의 관점에서는 최종 목적을 '달성했느냐'가 아니라 '달성해가고 있느냐'고 진행 과정을 묻는 것이 본질적이라 할 수 있습니다.

어떤 개념에 대해 '안다'는 것 또한 마찬가지입니다. 그 개념을 100% 안다는 것 역시 일종의 이상향이죠. '안다'를 현실적으로 구체화하기 위해 거꾸로 접근하면 다음과 같이 변환됩니다.

무언가에 대해 안다
→ 무언가에 대해 모르는 게 줄어든 상태

전문가가 돼가는 건 모르는 게 줄어드는 것입니다.

전문가마다 말이 다르다

의사 1 코로나19 백신을 맞아야 합니다.

의사 2 코로나19 백신을 맞으면 위험합니다.

의사마다 약사마다 의견이 다른 경우를 무수히 봤을 거예요. 많은 사람이 이런 상황을 전문가의 견해차라고 합니다. 정말로 전문가의 단순한 견해차일까요?

부동산 전문가 1 앞으로 집값은 더 오릅니다.

부동산 전문가 2 앞으로 집값은 폭락합니다.

2007년 금융 위기 직전에 부동산을 바라보는 시각은 매우 다양했습니다. 누구는 하락에 베팅했고, 누구는 이를 비웃었죠. 전문가마다 견해차를 보였습니다. 이제 와서 보면 둘 중 하나가 잘못 분석했음을 알 수 있습니다.

임원 1 이 직원은 회사에 해가 되는 존재다. 빨리 해고해야 한다.

임원 2 아니다, 잠재적인 가능성을 보면 필요한 직원이다.

회사를 대표하는 두 임원의 의견이 엇갈립니다. 어떤가요, 견해차라 할 수 있을까요?

친구 1 영철이 알지? 걔 느낌이 왠지 별로일 것 같아.

친구 2 아니야, 영철이 만나보니까 나름 괜찮은 친구던데.

이 상황을 친구의 견해차라고 하진 않습니다. 이는 명백히 영철에 대해 파악한 정보량의 차이에서 생긴 현상이기 때문이죠. 친구 1이 영철의 겉모습만 보고 섣부른 판단을 했으니까요. 이제 거꾸로 가보죠.

직원을 해고할지 말지 토론하는 두 임원의 의견이 갈리는 이유는 단순 견해차로 봐야 할까요, 그 직원에 대해 파악한 정보량의 차이일까요? 2007년 부동산에 대한 의견이 갈린 이유는 부동산 전문가의 견해차일까요, 아니면 부동산 부실 부채에 대해 파악한 정보량의 차이일까요? 백신에 대해 의료 전문가의 의견이 다른 것은 견해차일까요, 백신 연구 데이터에 대해 파악한 정보량이 차이 나면서 해석이 달라졌을까요?

영철에 대해 겪어본 경험의 차이로 친구 1·2의 의견이 달라진 상황과 앞의 전문가마다 견해가 달라진 상황에 근본적으로 다른 점이 있을까요? 전문가라는 타이틀이 달리면 정보 파악이 부족해서 잘못 해석했을 때도 전문가마다 견해가 다르다는 표현으로 멋지게 포장됩니다. **전문가라는 프레임이 잘못을 가리죠.**

전문가마다 견해가 다르다는 말은 위험한 표현이에요. 옳은 해석과 잘못된 해석이 전문가마다 다른 견해로 비칠 수 있기 때문이죠. 그러므로 전문가마다 견해가 다를 경우, 둘 중 하나가 잘못된 의견을 낼 가능성은 없는지 항상 고민해야 합니다. 그렇다면 이것을 어떻게 알 수 있을까요? 정답은 팔란티어의 문제 해결 공식에 있습니다.

공식 ❶ 문제를 재정의하라

공식 ❷ 데이터의 의미를 눈에 보이게 드러내라

쉬운 예를 들어볼게요.

'드림즈'라는 프로야구 팀이 있습니다. 리그에서 만년 꼴찌 팀이죠. 어느 날 드림즈 단장이 모든 스태프를 한자리에 불러서 공지합니다. 드림즈의 에이스 타자 A를 내보내겠다고요. 팀이 발칵 뒤집힙니다. 유일한 희망인 선수 A를 갑자기 내보내겠다니까요. 모든 스태프가 단장의 의견에 맞섭니다.

단장 A 선수는 드림즈에 도움이 되지 않는다.

스태프 A 선수는 드림즈에 도움이 된다.

반발이 거세자, 단장은 이 논란의 개념을 다음과 같이 재정의합니다. 'A가 좋은 선수냐, 아니냐'는 추상적 관점에서 '어떻게 해야 드림즈가 이번에 꼴찌에서 벗어날 수 있을까'라는 구체적 관점으로 말이죠. 그리고 A의 모든 데이터에 다시 의미를 부여합니다.

- A의 타율은 상위 수준 → 그러나 승리를 결정짓는 결정타는 하위 수준
- A의 홈런은 상위 수준 → 그러나 A는 대다수 홈런을 팀 순위가 꼴

찌로 결정된 뒤에 치고 있음

- 결론 : 그러므로 드림즈가 꼴찌에서 벗어나려면 A보다 승리 기여도가 높은 선수와 트레이드가 필요함

그러자 모든 스태프의 반발이 한순간에 사라집니다.

〈스토브리그〉라는 야구 드라마에 나오는 장면입니다. 'A 선수를 내보내느냐 마느냐'는 문제를 두고 단장과 스태프가 대립하죠. 말 그대로 전문가마다 견해차를 보이는 상황입니다.

'A가 드림즈에 좋은 선수냐, 아니냐'는 관점으로 논쟁했다면 영원히 끝나지 않는 말싸움이 될 수밖에 없었을 겁니다. 논점에 대한 명확한 기준 없이 각자 가진 데이터를 토대로 싸우는 과정에서 합의점을 도출하기는 어려우니까요. 그러나 '어떻게 해야 꼴찌에서 벗어날 수 있느냐'라는 구체적인 관점으로 문제를 정의하고, 모든 정보에 다시 의미를 부여하자 아무도 반박을 못 하죠. 결국 단장의 견해는 최선의 의사 결정이 됩니다.

여기서 아무도 반박하지 못한 이유는 한 가지입니다. 단장이 제시한 구체적인 문제의 관점에서 단장이 스태프보다 A에 대한 의미 있는 정보를 더 많이 파악하고 있었기 때문이죠. 그로 인해 단장의 견해가 보다 낫고 스태프의 견해는 보다 부족하다는

결론에 이릅니다.

친구 1 영철이 괜찮은 애야. 성격 좋고 똑똑하고 배려도 잘해.

친구 2 몰라, 그냥 느낌이 별로야.

'영철이는 우리에게 좋은 친구인가, 아닌가' 같은 추상적인 논쟁은 절대로 끝나지 않는 말싸움이 될 수밖에 없습니다. 각자의 관점과 느낌대로 주장하다 보면 의견을 모으기 어려우니까요. 그러나 다음과 같이 문제를 구체적으로 재정의하면 생각보다 쉽게 길이 보입니다.

문제 재정의

- 영철이는 비밀을 터놓아도 문제가 없을 친구인가?

이후에는 누가 영철이의 비밀 유지 능력에 대해 의미 있는 정보를 더 많이 파악하고 있느냐가 누가 더 나은 판단을 했느냐의 기준이 됩니다.

영철이에 대해 파악한 정보

친구 1 ❶ 말수 ❷ 진실성 ❸ 의리

친구 2 ❶ 말수 ❷ 낯가림

이 경우 친구 1이 나은 판단, 친구 2가 부족한 판단이 되죠. 비밀을 지켜준다는 관점에서 친구 1이 친구 2보다 두 가지 정보(진실성, 의리)를 많이 파악했기 때문입니다. 이렇게 양쪽 의견에 대한 평가를 '수학적인 비교'로써 구분하면 보다 나은 판단을 찾는 일이 쉽고 명료해집니다.

다음 문제도 풀어볼까요? 전문가들이 혈압약에 대해 토론합니다.

전문가 1 고혈압이 있다면 혈압약을 반드시 복용해야 한다.

전문가 2 고혈압이 있어도 혈압약은 위험성이 높아 피해야 한다.

의견이 대립하는 상황이죠. 여기서 누가 더 나은 판단을 하는지 알아보기 위해 논쟁의 주제를 구체적인 관점으로 다시 정의해보겠습니다.

문제 재정의 (혈압약, 먹어야 한다 vs. 먹지 말아야 한다)

- 어떻게 해야 고혈압 환자가 더 건강할 수 있을까?
- 어떻게 해야 고혈압 환자의 사망 가능성을 낮출 수 있을까?

이제 논점이 명확해졌으니, 사망 가능성 관점에서 누가 더 의미 있는 정보를 많이 파악했는지 확인하면 되죠. 결과는 다음과 같았습니다.

혈압약에 대해 파악한 정보

전문가 1 ❶ 심근경색 감소 ❷ 뇌경색 감소
❸ 사망률 감소 ❹ 어지러움 유발

전문가 2 ❶ 어지러움 유발 ❷ 전해질 불균형 유발 ❸ 부종 유발

사망 가능성을 낮춘다는 관점에서 전문가 1이 전문가 2보다 유의미한 정보(❶, ❷, ❸)를 더 많이 파악하고 있습니다. 그러므로 전문가 1의 판단이 더 나은 판단을 한다고 할 수 있습니다.

지금까지 견해가 다른 여러 가지 사례를 살펴봤습니다. 사람마다 견해가 다른 이유가 해당 문제에 대해 서로 파악한 정보량이 차이가 나서 생기는 상황으로 보일 수 있습니다. 여기서 좀 더 깊이 들어가면 흥미로운 사실이 드러납니다.

영철이에 대해 파악한 정보

친구 1 ❶ 말수 ❷ 진실성 ❸ 의리

친구 2 ❶ 말수 ❷ 낯가림

친구 1이 영철이에 대해 파악한 정보는 주로 비밀을 터놓을 수 있는 사람인가에 관한 내용입니다. 반면 친구 2가 파악한 정보는 쉽게 친해질 수 있는 사람인가에 관한 내용이죠. 어떤 상황인지 아시겠어요? 애초에 영철이에 대한 문제의 관점이 다릅니다. 친구 1은 의리, 친구 2는 친밀도의 문제죠.

이 상황에서 '영철이는 좋은 친구인가, 아닌가'라는 추상적인 질문을 하면 견해가 다를 수밖에 없습니다. 서로 다른 문제를 보기 때문입니다.

혈압약에 대해 파악한 정보

전문가 1 ❶ 심근경색 감소 ❷ 뇌경색 감소
❸ 사망률 감소 ❹ 어지러움 유발

전문가 2 ❶ 어지러움 유발 ❷ 전해질 불균형 유발 ❸ 부종 유발

이 상황도 마찬가지입니다. 전문가 1이 파악한 정보는 주로 고혈압 환자가 혈압약을 복용할 때 이점에 관한 내용이며, 전문가 2가 파악한 정보는 혈압약의 부작용에 관한 내용이죠. 애초에 바라보는 문제가 다르니 혈압약에 대한 견해가 갈릴 수밖에 없죠.

한 문제에 서로 견해가 다른 것은 처음부터 문제를 서로 다르게 봤기 때문입니다.

팔란티어를 통해 본 의료의 미래

지금까지 설명한 모든 내용을 종합할 때, 가짜 건강이 만들어진 두 가지 원인은 언어적 표현과 전문가 시스템입니다. 여기서 좀 더 들어가면 전문가도 결국 언어로 사고하고 지식을 전달하기에, 본질적인 원인은 언어 자체에 있습니다.

공식 ❶ 문제를 재정의하라

공식 ❷ 데이터의 의미를 눈에 보이게 하라

팔란티어의 문제 해결 공식을 다시 한번 보겠습니다. 이 공식에 특이한 부분이 있죠. 바로 데이터의 의미를 '눈에 보이게 하라'는 것입니다. 데이터의 의미를 파악하라 정도로 표현해도 괜찮을 텐데, 팔란티어는 왜 눈이 보이게 하는 방식을 취하라고 했을까요?

정보를 눈에 보이게 하는 방식에는 크게 두 가지가 있습니다. 첫 번째는 일반적인 사람의 언어로 표현하는 방식이고, 두 번째는 규칙이 명확히 드러나는 알고리즘 언어로 표현하는 방식이죠. 팔란티어는 두 번째 방식을 취합니다. 팔란티어가 첫 번째 방식을 택하지 않은 본질적인 이유가 곧 이 챕터의 주제이죠. 팔란티어의 최고 기술 책임자 샴 상카르Shyam Sankar는 그 이유를 다음과 같이 말합니다.

"언어는 지식이 아닙니다."

이 말이 무슨 뜻인지 예를 들어볼게요.

친구 1 서울에서 부산까지 몇 km야?

친구 2 약 400km.

완벽한 대화처럼 보이지만 문제 해결 관점에서는 엉터리입니다. 기준점을 제시하지 않았기 때문이죠. 서울 어느 지점부터 부산 어느 지점까지인지 구체적으로 제시하지 않은 상태에서 거리를 구할 순 없습니다. 지점에 따라 거리가 달라지니까요. 직선거리, 고속도로, 국도에 따라서도 달라지죠. 참고로 서울부터 부산까지 지구 표면 위의 직선거리는 325km입니다.[99] 그렇다면 이 대화는 질문도 대답도 수학적으로 엉터리입니다. 추상적이고 모호한 정보만 주고받았으니까요.

그런데 이와 같은 대화 방식이 전혀 낯설지 않습니다. 우리 일상에서 흔히 쓰이는 언어 패턴이기 때문이죠. 다시 말해 '서울부터 부산까지 400km 거리'라는 정보가 진실이 아닌데도 언어라는 시스템에서 흔히 쓰인다면, 우리는 이를 언어적인 연관성으로 인식합니다. 그로 인해 '서울부터 부산까지 400km 거리'라는 규칙이 탄생했죠. 현실 세계에는 존재하지 않는 가짜 규칙입니다. 친구 1이 서울부터 부산까지 지구 표면 위의 직선거리를 알고자 했다면, 두 사람은 그저 대화를 위한 대화를 한 셈이에요. 정확한 정보를 얻고자 한 친구 1의 문제가 해결되지 않았죠.

문제를 해결하기 위해서는 구체적으로 문제를 재정의하고 관련 정보의 의미를 눈에 보이게 표현해야 합니다. 이때 이 문제를 사람의 언어 형태로 표현하면 현실에 존재하지 않는 가짜 규칙이 관여할 수 있죠. 친구1, 2의 대화처럼 문제 해결과 무관한 지식을 얻는 상황이 초래될 수 있습니다. 샴 상카르가 말한 '언어는 지식이 아닙니다'는 사람의 언어는 문제의 규칙을 더 모호하게 만들 수 있다는 걸 뜻하죠.

● 사람의 언어로 표현한 지식

"고혈압을 치료하는 것이 심혈관 질환 예방에 좋은 영향을 끼친다."

"체중을 감량하는 것이 고혈압에 유익하다."

"지중해식 식단을 지키면 체중 감량에 일부 도움이 된다."

● 알고리즘 언어로 표현한 지식

심혈관 질환 발병 감소 ← 혈압 감소 ← 체중 감량 ← 지중해식 식단 실천

팔란티어는 문제 해결을 위해 규칙이 확실하게 드러나는 알고리즘 언어 형태로 문제를 표현하는 것을 강조합니다. 그래야 특정 문제(심혈관 질환)에 대한 구성요소와 인과관계를(혈압, 체중, 식단) 보다 명확하게 파악할 수 있기 때문입니다. 누군가의 머릿속에 언어로서만 존재하던 지식을 이렇게 알고리즘화시켜 디지털 세계에 표현해 놓으면, 이 지식은 알고리즘 모양의 형태를 띄면서 눈에 보이는 하나의 아바타처럼 디지털 세계에 존재할 수 있게 됩니다. 바로 하나의 지식이 하나의 디지털 트윈으로 탄생하

는 순간인 것이죠. 이것이 팔란티어가 하는 일입니다. 누군가가 문제를 해결해달라고 의뢰하면, 팔란티어는 그 문제에 대한 지식을 디지털 트윈의 형태로 변환합니다.

자, 그렇다면 문제가 디지털 트윈의 형태를 갖추게 될 경우 어떤 장점이 있을까요? 문제와 관련된 모든 정보의 규칙이 드러나니 문제를 한눈에 파악하고 즉각적으로 대응해, 효율적인 의사 결정이 가능하죠. 그리고 무엇보다 가장 큰 장점은 어떤 결정을 내렸을 때, 그 결정이 규칙대로 흘러갈지 미리 예측해볼 수 있다는 것입니다. 다시 말해 가상의 의사결정 시뮬레이션을 돌려볼 수 있게 되죠.

내가 내릴 결정의 결과를 시뮬레이션으로 예측한다? SF 영화에 나올 법한 장면이죠? 여기서 한 가지 질문할게요. 내가 내릴 결정의 결과를 왜 시뮬레이션으로 예측해봐야 할까요? 단순히 미래를 예측하기 위해서일까요? 그 진짜 이유가 바로 디지털 트윈의 본질에 있습니다. 결론부터 말하면 시뮬레이션을 해봐야 현재 내게 주어진 진짜 문제를 파악할 수 있기 때문이죠.

잠깐 개인적인 얘기를 할게요. 제가 운영한 헬스 케어 회사 '빅데이터닥터'는 고객의 의료 데이터를 분석하는 서비스를 제공했습니다. 그런데 이 서비스가 한국의 의료법에는 위반이 됐습니다. 의료 데이터 분석이 의료 행위에 해당하는데, 의료 행위는 민간 회사가 아니라 의료 기관이 할 수 있기 때문이죠. 제가 의사 면허증이 있어도 민간 회사 신분으로 의료 행위를 하면 법에 위반됩니다. 뭔가 아이러니하죠?

그런데 데이터 분석의 기준을 의료 전문가의 주관적 판단에 두지 않고, 공식적으로 입증된 연구 데이터를 근거로 분석하면 법에 저촉되지 않습니다. 그래서 의료법을 위반하지 않기 위해 제 지식 상태를 검증하는 과정이 먼저 필요했죠. 그리하여 처음으로 시도했던 것이 제 머릿속에 저장된 모든 의료 지식을 규칙이 드러나게 알고리즘의 형태로 변환시키는 일이었습니다. 그 과정에서 생각지 못한 사실을 알게 됐죠. 지식을 알고리즘으로 구현하는 과정에서 제가 100% 확신하지 못하는 규칙이 여기저기 섞여 있음을 적나라하게 확인한 것입니다.

'내가 확신하지 못하는 지식 규칙이 이렇게 많단 말인가?'

확신하지 못하는 규칙의 근거를 찾아보니 대부분 인과관계가 명확하게 입증되지 않은, 공식적인 연구 데이터 근거가 없는 정보였습니다. 가짜 규칙이죠.

'내가 아는 상당수 지식 규칙이 근거 없는 내용이란 말인가?'

이 사실을 깨달은 시점이 의대에 들어와 18년 동안 공부와 수련 끝에 심장내과 전문의로서 면허증을 얻고 3년이 더 지났을 때입니다. 소름이 돋았죠. 헬스 케어 회사를 창업하지 않았다면, 제 지식 상태를 알고리즘 언어로 변환하는 시도를 해보지 않았다면, 머릿속의 가짜 규칙으로 내 수많은 의사 결정 과정에 가짜가 개입되고 있다는 사실을 모른 채 전문가로 살았을 테니까요.

이 모든 것은 내 머릿속 정보 시스템에 디지털 트윈의 본질을 적용했기 때문에 깨달았습니다. 알고리즘 언어로 변환하는 과정에서 규칙이 드러나다 보니 불완전한 규칙이 존재함을 발견했고, 공식적인 연구 데이터로써 내 지식의 규칙이 진짜인지 검증하는 시뮬레이션 결과 가짜임을 알았죠.•

의료의 미래를 얘기한다고 할 때, "의학 지식이 디지털 트윈의 형태가 될 것이다"라고 하면 뻔한 얘기로 들릴 수 있어요. 의사 결정 과정이 더 정확해지고, 효율성이 높아가고, 시뮬레이션으로 미래를 예측할 수 있고… 그런데 이것은 디지털 트윈이 구축돼야 하는 표면적인 이유일 뿐입니다. 인간의 지식이 디지털 트윈 방식으로 구축돼야 하는 본질적인 이유는 진짜 문제를 제대로 파악하기 위함입니다.

• 임상 연구란 연구자가 연구를 통해 가설이라는 규칙을 시뮬레이션하는 과정입니다.

"○○을 하면 항암 효과가 뛰어나서 암 예방에 좋다네."
"공식적으로 시뮬레이션을 해본 결과 데이터가 있어?"
"항암 효과가 있다니 암이 예방되겠지."
"…?"

디지털 트윈 방식이 구축되면 위와 같이 가짜 지식의 민낯이 저절로 드러납니다. 그래서 진짜와 가짜를 구분할 수 있죠.

여기서 가짜를 교정하면 이 지식 시스템은 진짜에 한층 가까워지겠죠. 그렇다면 진짜 지식이란 무엇일까요? 완벽한 진실이란 무엇일까요?

곰곰이 생각하면 진짜 지식도 이상향에 가까운 추상적 개념이란 걸 알 수 있습니다. 진짜 지식에 '완벽한 진실'이라는 개념이 포함되기 때문이죠. 그러나 인간은 아직 완벽한 진실이 무엇인지 모릅니다. 언제나 그렇듯 과거의 진실이 오늘은 진실이 아니니까요. 과학의 발전으로 현존하는 지식 체계의 문제를 찾아내고 수정함으로써 완벽한 진실에 다가갈 뿐입니다. 인간이 알 수 있는 것은 하나입니다. 현실 세계에 명확히 존재하는 문제뿐이죠.

디지털 트윈 방식으로 지식 시스템에서 진짜 문제(거짓)를 찾아내야 하는 이유… 끊임없이 그 문제를 찾아서 교정하는 것만이 진짜 지식, 완벽한 진실에 다가가는 유일한 길이기 때문입니다.

테슬라를 통해 본
의료의 미래

전문가의 미래를 얘기하면 일반적으로 인공지능이 전문가를 대체하고, 로봇이 세상을 지배하는 SF 영화에서 볼 법한 상황을 떠올립니다. 그건 너무 먼 미래의 얘기잖아요. 지금 얘기할 내용은 내일이라도 일어날 수 있는 일입니다. 그런데 일어나지 않을 거예요. 여러분의 관점이 바뀌어야 가능한 일이기 때문입니다.

여러분에게 심장병이 생겼어요. 치료할 병원을 검색하다 보니, 다음 세 병원이 심장병 치료에 대표적인 곳임을 알았습니다.

- A 병원 X 대학교 출신 의사(심장병 치료에서 국내 최고의 대가)
- B 병원 Y 대학교 출신 의사(심장병만 20년간 치료해온 전문가)

- C 병원 Z 대학교 출신 의사(심장병에 대한 최신 치료법을 적용한 개척자)

여러분은 어느 병원으로 가시겠어요? 어느 병원 의사가 여러분에게 최선의 의사 결정을 내려줄까요? 판단하기 어려울 겁니다. 어느 병원이 더 나은 곳인지 기준이 모호하기 때문이죠. 그래서 병원의 인지도와 의사의 출신 대학교 같은 스펙을 보고 선택할 수밖에 없습니다. 그러나 인지도와 스펙이 최선의 의사 결정을 하는 데 결정적인 요인은 아닙니다.

테슬라 자동차에는 자율 주행을 도와주는 Full Self-DrivingFSD 프로그램이 있습니다. 여러분은 곧 장기간 운전할 예정이어서 FSD 프로그램을 갖춘 테슬라 차를 빌리려고 합니다. 검색해서 다음 두 차를 찾아냈죠.

- 1번 자동차 모델 3(가장 오래전 설립된 공장에서 2021년 생산, FSD 최신 버전)
- 2번 자동차 모델 3(최근 설립된 공장에서 2023년 생산, FSD 최신 버전)

여러분은 몇 번 차를 선택하시겠어요? 몇 번 차가 더 완벽하고 안전하게 자율 주행을 해줄까요? 왠지 2번 자동차 같지 않나요? 둘 다 FSD는 최신 버전이니까 오래된 공장보다 최근 지은 공장에서, 2021년보다 2023년에 생산한 모델이 좋을 것 같은 느낌이 들죠. 그런데 눈을 크게 뜨고 자세히 보니 FSD 글자 옆에 이런 정보가 표시되어 있네요.

- 1번 자동차 모델 3(가장 오래전 설립된 공장에서 2021년 생산, FSD 버전 12.0)
- 2번 자동차 모델 3(최근 설립된 공장에서 2023년 생산, FSD 최신 버전)

자, 몇 번 차가 자율 주행을 더 잘할 것 같은가요? 지금부터 살짝 혼란스러울 겁니다. 1번 자동차는 자율 주행 능력이 정확하게 수치로 표시됐지만, 2번 자동차는 추상적으로 표현됐으니까요.

테슬라는 FSD 12.0이 어느 정도 운전 능력이 있는지 홈페이지에 공식적으로 밝혔습니다. 여러분이 1번 자동차를 타고 자율 주행을 한다면 이 차가 어느 정도로 최선의 의사 결정을 할 수 있을지 대략 예측 가능합니다. 그러나 2번 자동차는 아무리 자율 주행을 잘해도 그 움직임이 최선의 의사 결정인지 아닌지 알 길이 없습니다. 그 능력치에 대한 정보가 구체적으로 가시화되지 않았기 때문이죠.

몇 번 차가 더 좋을지 판단이 어려운 여러분은 렌트를 포기합니다. 그래서 한 달 뒤에 그 리스트를 다시 찾아보니 정보의 표기가 이렇게 바뀌었습니다.

- 1번 자동차 모델 3(가장 오래전 설립된 공장에서 2021년 생산, FSD 버전 12.0)
- 2번 자동차 모델 3(최근 설립된 공장에서 2023년 생산, FSD 버전 10.0)

몇 번 차가 자율 주행에서 최선의 의사 결정을 할지 바로 판단이 서죠. 이런 관점으로 처음 안내한 예시를 다시 한번 보겠습니다.

- A 병원 : X 대학교 출신 의사
- B 병원 : Y 대학교 출신 의사
- C 병원 : Z 대학교 출신 의사

누가 더 능력 있는 의사일까요? 누가 더 최선의 의사 결정을 할 능력이 높을까요? 갑자기 머리가 복잡하죠?

인터넷이 없던 시절에는 정보가 공유되지 않았기에, 전문가 자신이 직접 쌓은 경험이 곧 모든 데이터였습니다. 그러므로 더 큰 병원에서 더많은 환자를 진료한 의사일수록 최선의 의사 결정을 할 가능성이 컸죠. 그러나 인터넷으로 전 세계 진료 데이터가 공유되면서 데이터를 얻는 데 물리적인 제한이 없어집니다. 종전에는 고혈압 환자 100명의 데이터를 얻기 위해 100명과 종일 대화하면서 경험적으로 얻어야 했다면, 이제는 깔끔하게 정리된 1만 명 이상의 고혈압 환자 데이터를 논문 형태로 10분 안에 습득할 수 있죠.

상황이 이렇다면 어떤 의사가 최선의 의사 결정을 할 수 있을까요? 당연히 더 많은 의료 정보 데이터를 습득한 의사겠죠. 우리가 인지도 높은 병원과 스펙이 좋은 의사를 선호하는 이유 역시 그 병원 의사가 더 많은 의료 정보 데이터를 갖고 있을 것 같은 느낌이 들기 때문입니다. 애초에 다 같은 이유였다 할 수 있죠. 그렇다면 여기서 무엇이 더 바뀌어야 어느 의사가 최선의 의사 결정을 하는지 알 수 있을까요?

테슬라 FSD의 버전 정보가 표기된 것처럼 의사의 지식 상태가 드러나면 됩니다.

예를 들면 이런 식으로 말이죠.

- A 의사

❶ 내과학 교과서(2024년 버전 습득), 심장학 교과서(2024년 버전 습득)

❷ 심장학 진료 가이드라인(2024년 버전 습득)

❸ 심장병 진단 2024년 논문 100편 습득, 심장병 치료 2024년 논문 100편 습득

● B 의사

❶ 내과학 교과서(2018년 버전 습득), 심장학 교과서(2018년 버전 습득)

❷ 심장학 진료 가이드라인(2018년 버전 습득)

❸ 심장병 치료 2022년 논문 10편 습득

이러면 환자나 의사에게 완전히 새로운 세계가 펼쳐집니다. 환자는 의사가 심장병에 대해 얼마나 많은 정보를 파악했는지 알 수 있으니 그 순간부터 의사를 판단하는 기준이 바뀝니다. 의사의 스펙이 아니라 의사가 가진 정보가 무엇인지 확인하는 게 중요해지죠. 또한 지식 알고리즘이 모두 공개된 상태이기 때문에 환자는 이 의사의 알고리즘을 통해 추후 어떤 방식으로 문제를 해결할지 시뮬레이션도 해볼 수 있습니다.

'B 의사의 지식 상태는 내과학 교과서 2018년 버전이구나. 그런데 A 의사의 지식 상태는 최신 버전 교과서네. 논문도 더 다양한 영역으로 습득했고….'

환자는 당연히 A 의사를 선택하겠죠. 이 이야기는 의사뿐만

아니라 이 세상 모든 전문가에게 해당합니다. 전문가의 지위를 부여받은 순간부터 전문가는 자신의 근거 없는 주관적인 추측마저 신뢰도가 높은 정보인 척 제공할 수 있죠. 면허증이 신뢰도를 높여주기 때문입니다. 상대가 그 면허증을 신뢰도의 척도로 여기니까요. 전문가는 자신의 지식 상태를 드러낼 이유가 없습니다. 말 그대로 폐쇄적인 의사 결정을 하기에 최적의 환경이죠. FSD 버전이 10.0이라도 전문가가 최신 버전이라고 하면 고객에겐 최신 버전이 됩니다. 전문가의 스펙이 화려할수록 고객에게 정보의 신뢰도는 상승합니다.

제가 전문가의 시스템 자체를 부정하는 것은 아닙니다. 이 사회가 유지되기 위해 현재로서 전문가는 필요한 존재입니다. 다만 현재의 전문가 시스템은 최선의 의사 결정을 위한 구조가 아니라, 최소한의 의사 결정을 위한 구조라는 것을 인지할 필요가 있죠.

미래에 벌어질 전문가 시스템의 혁신적인 변화를 논하기 전에 전문가에 대한 인식의 변화가 필요하다는 이야기를 하고 싶었습니다. 전문가의 판단이라는 게 자세히 보면, 전문가가 아니라 그가 가진 지식이 판단한 것입니다. 그러므로 그 판단이 최선인지 알고 싶다면, 전문가의 지식 버전이 무엇인지 드러나게 하는 과정이 당연히 필요하겠죠. **다만 지식을 드러나게 하는 과정이 사람보다 컴퓨터에서 수월하다는 점이 안타까울 뿐입니다.**

진짜 건강으로 가는 길

지인 A가 오랜만에 연락했습니다. 칠순이 돼가는 어머니 건강을 챙겨드려야 할 것 같다며 좋은 영양제를 추천해달라고 했죠. 여기서 질문 하나 드려보죠. 제가 A의 어머니에게 필요한 영양제를 추천한다면 그 영양제가 도움이 될까요?

- 학생 선생님, 저 공부를 잘하고 싶은데 좋은 문제지 좀 추천해 주세요.
- 선생님 그래, 학생들이 풀어야 할 필수 문제지 10가지 알려줄게.

선생님이 추천한 문제지를 다 푼다고 해도 공부를 잘하고 싶은 이 학생의 바람이 이뤄질 가능성은 매우 낮습니다. 그 이유는 두 가지입니다.

첫째, 공부를 잘한다는 목표 자체가 추상적이기 때문입니다. 그렇기에 문제지를 풀어 성적이 오른다고 해도 학생이 애초에 원한 '공부를 잘한다'는 기준을 달성했는지 알 수 없죠. 학생은 서울대에 합격할 수준으로 공부를 잘하고 싶은데, 선생님은 평균적인 학생들 기준으로 대답했을 수 있으니까요.

둘째, 학생의 현재 상태를 모르기 때문입니다. 현재 학생의 성적이 낮은 진짜 원인이 스마트폰 중독으로 공부량이 줄어들었기 때문이라면, 당장 성적을 올리기 위해 학생에게는 스마트폰 중독 치료가 필요하니까요.

선생님이 학생의 구체적인 목표와 현재 상태도 모르면서 대략 안내한 정보로 학생이 서울대에 합격하길 바란다면 로또에 당첨되길 바라는 것과 다를 바 없습니다. 거칠게 말해서 얻어걸리기를 바라는 상황이죠.

자, 이 관점을 유지한 채 A의 말을 들여다보겠습니다.

"어머니 건강을 챙겨드려야 하는데 영양제 좀 추천해주세요."

문제점이 보이죠. 첫째, 건강에 대한 기준이 추상적이다. 둘째, 어머니의 현재 상태를 모른다. 이 두 가지가 파악되지 않은 상태에서 영양제를 추천해서 어머니의 건강이 좋아지길 바란다면 얻어걸리길 바라는 것과 같습니다. A가 정말 어머니의 건강을 염려한다면 건강에 대한 구체적인 기준을 세우고, 어머니의 상태를 파악해야 합니다. 그래야 나중에 어머니의 건강 상태가 더 좋아졌는지 구체적으로 평가할 수 있으니까요. 저는 A 어머니의 진짜 문제를 해결하기 위해 팔란티어의 공식을 적용했습니다.

문제를 구체적으로 재정의한다

이 책 앞부분에서 설명한 내용이에요. 건강의 절대적 기준을 토대로 건강을 구체화할 경우, 더 건강해진다는 것은 죽음의 가능성을 낮추는 방향과 같다고 말이죠.

문제와 관련된 모든 정보의 의미를 눈에 보이게 한다

이 내용을 해결하려면 A 어머니의 현재 건강 상태에 대한 객관적인 정보가 필요하겠죠? 저는 A에게 어머니가 그동안 다닌 병원의 의무 기록을 모두 보내달라고 했습니다. 내용을 정리한 결과는 다음과 같았죠.

- 어머니가 앓는 질환

❶ 고혈압 ❷ 부정맥(심방세동) ❸ 고지혈증 ❹ 관상동맥 석회화 ❺ 골다공증 ❻ 담낭 용종

● 어머니가 받는 치료

혈압약(노바스크) 복용 중

A가 원하는 어머니 건강의 구체적 의미는 어머니의 죽음 가능성을 낮추는 것입니다. 이 문제를 해결하기 위해서는 어머니의 죽음과 관련된 건강 정보의 의미를 알고리즘 언어로 눈에 보이게 나타내야 합니다. 그 결과는 다음과 같죠.

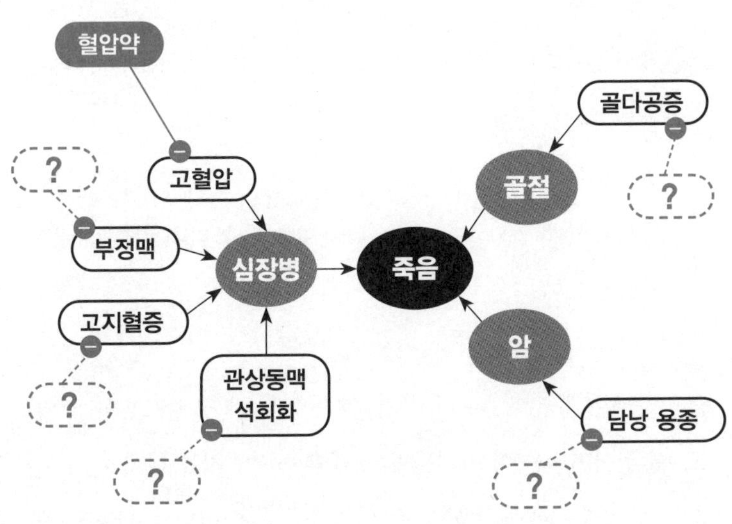

당장 어머니의 죽음 가능성을 낮추기 위해서는 부정맥, 고지혈증, 관상동맥 석회화, 담낭 용종, 골다공증에 대한 처치가 필요하다는 것을 알 수 있었습니다. 그 처치에 관한 내용은 다음과 같습니다.

- 고혈압, 부정맥

→ 혈압약 종류 변경 ▶ 출처 : 2022년 대한고혈압학회 진료 지침[100·101]

- 고지혈증, 관상동맥 석회화

→ 고지혈증약(스타틴) 추가 ▶ 출처 : 2019 미국심장학회 심혈관 질환 1차 예방 진료 지침[102]

- 담낭 용종

→ 복부 초음파 다시 검사 ▶ 출처 : 2022 유럽소화기내시경학회 담낭 용종 진료 지침[103]

- 골다공증

→ 골다공증약(비스포스포네이트) 추가 ▶ 출처 : 2020 미국내분비학회 골다공증 진료 지침[104]

지인 A에게 당장 네 가지 처치가 어머니에게 필요함을 알렸고, 결국 어머니는 이 처치를 받아 죽음을 유발하는 다섯 가지 위험 요인(물음표)에서 멀어질 수 있었습니다. 어머니의 건강을 챙겨드리기 위해 영양제를 추천해달라는 말이 왜 언어걸리기를 바라는 마음과 다를 바 없다고 했는지 이제 이해가 되나요?

이번 챕터가 영양제를 먹지 말라는 내용은 절대 아닙니다. 단지 영양제를 먹으려는 목적을 구체적으로 생각하고, 그 목적을 이루기 위한 행동이 우선이라는 점을 말하고 싶었습니다.

"건강해지려면 어떻게 해야 하나요?

흔하게 받는 질문입니다. 그러나 제가 이 질문에 대한 방법을 추천하는 순간, 그 방법은 가짜가 됩니다. '건강해지기 위함'이라는 목적이 추상적이기에 최종 목적지가 명확하지 않죠. 그래서 방법을 추천하는 순간, 그 명확하지 않은 최종 목적지로 다가가는 방법이 됩니다. 목적지가 명확하지 않으니 그 지점에 가까워졌는지 알 수 없겠죠. 애초에 실현 불가능한 방법을 추천한 셈이니 가짜 방법이라는 말입니다. 어머니의 문제를 확인하지 않고 영양제를 추천하면 이런 상황에 맞닥뜨리게 됩니다.

"선생님이 추천한 영양제를 드시고 어머니 몸이 좋아졌대요."

"부정맥은? 고지혈증은? 관상동맥 석회화는? 담낭 용종은? 골다공증은? 좋아졌는지 다 확인했나요?"

"네? 저희 어머니에게 그런 병이 있었나요?"

진짜 건강에 다가가고 싶다면 죽음을 바라봐야 합니다. 그래야 죽음을 유발하는 문제를 파악할 수 있기 때문이죠. 그 문제가 바로 건강이 좋아졌는지 구체적으로 판단하는 지표가 됩니다.

"어떻게 해야 죽음의 가능성을 낮출 수 있을까요?"

"당신에게 죽음의 가능성을 높이는 문제가 있나요?"

"네, 고혈압과 고지혈증이 있어요."

"그렇다면 그 문제부터 교정하죠."

건강해지는 법? 잘 모르겠습니다. 건강의 최종 목적지가 어디에 있는지 모르니 다가가는 법도 알 수 없죠. 추상적인 개념에 대해 논하는 철학적인 토론은 이제 멈추고, 진짜를 얘기하고 실행하세요.

죽음이야말로 현실에 존재하는 진짜 문제입니다. 일단 죽음부터 피하세요. 토론은 그 후에 해도 충분합니다.

죽음을 피하기 위해선 먼저 여러분에게 어떤 문제가 있는지 확인해야 합니다. 그 문제부터 해결하세요. 문제를 하나씩 해결할 때마다 죽음에서 한 단계씩 멀어질 테니까요.

이것이 진짜 건강으로 가는 길입니다.

에필로그

여러분께 아직 말씀드리지 않은 것이 하나 있습니다. 사실 지인 A는 바로 저였습니다. A의 어머니는 바로 저의 어머니였죠. 앞서 보여드린 문제 해결의 접근 방식이 전문가이기에 가능하고, 일반인이어서 불가능한 게 아니라는 것을 꼭 기억해 주셨으면 합니다. 팔란티어의 공식을 받아들이기 전까지 저는 언제나 A처럼 생각하고 행동해 왔으니까요. 그랬기에 아들이 의사임에도 불구하고 어머니의 상태는 10년 이상이나 앞 챕터의 그림처럼 방치되어 왔던 것이죠. 아들이 의료 전문가가 되었음에도 불구하고 '건강'이란 개념을 구체화하지 않고 추상적으로 여기고 있었기 때문입니다.

어머니의 진짜 건강을 구현하기 위해 팔란티어의 공식을 적용하여 만든 알고리즘의 핵심은 이것이었습니다.

"어머니의 죽음의 가능성을 낮추기 위해 어머니의 건강 상태를 먼저 체크한 후 위험한 문제부터 해결한다."

그런데 여러분, 이 알고리즘 방식을 처음 보셨을 때 어떤 생각이 드셨나요? 접근 방식이 매우 특별하던가요? 누군가의 건강을 진심으로 걱정한다면, 그 사람의 건강 상태부터 체크해 봐야 한다는 것이 매우 새로운 내용인가요? 이미 우리 모두가 알고 있던 내용 아닌가요?

부모님의 건강을 구체적으로 접근하지 않았던 이유…

영양제가 알아서 부모님의 건강을 챙겨줄 것이라 막연하게 기대했던 이유…

정말로 내가 팔란티어의 공식을 몰랐기 때문에 그랬던 걸까? 혹시 나의 인생이 어머니의 건강보다 더욱 중요했기 때문에 제대로 신경 쓰지 않았던 것은 아닐까?

알고리즘을 보자마자 아차 싶었습니다. 그동안 너무 내 인생의 목적만을 위해 달려왔구나, 온전히 나의 행복만을 위해 살아

왔구나 하는 생각이 들었기 때문입니다. 그래서 한동안 자책했죠. 물론 그러한 가치관으로 살아간다고 해서 그것을 나쁘다고 말할 수는 없을 겁니다. 저마다의 인생이 있고, 저마다의 기준이 다른 것이니까요. 단지 매순간 의사결정의 순간마다 가족보다 나의 행복이 항상 우선순위였다는 생각에 죄책감이 들었던 것 같습니다. 그런데 어느 날 문득 이런 생각이 들더군요.

'그래서 나는 더 행복해졌는가?'

어머니의 사정은 그렇다 치고, 나의 행복을 위해 최선을 다해 의사결정을 내려왔다면, 그래서 인생이 더 행복해졌다면, 그것만으로도 가치 있는 삶을 살아왔다고 박수는 쳐줄 수 있을테니까요. 그래서 평가를 해보기로 했습니다. 나의 인생이 이전보다 행복해졌는지를 말이죠. 그런데 여기서 바로 난관에 부딪히더군요. 왜냐하면 나의 인생이 이전보다 행복해졌는지를 구체적으로 판단할 수 있는 기준이 없었기 때문입니다. 다시 말해 행복을 정의하는 구체적인 기준이 없었던 것이죠. 행복도 건강 못지 않게 매우 추상적인 개념이니까요. 그래서 행복에 팔란티어 공식을 적용하게 됐습니다.

공식 ❶ 문제를 재정의하라

(1) 행복을 구체화하기 위해 행복을 거꾸로 접근하면 다음과 같습니다.

→ 행복해지다 = 불행의 가능성을 낮추다

(2) 저에게 불행은 제 인생에 일어나지 않았으면 하는 일을 뜻합니다. 이 정의를 기준으로 행복을 다시 정의하면 다음과 같습니다.

→ 행복해지다 = 원치 않는 일이 생길 가능성을 낮추다

공식 ❷ 데이터의 의미를 문제의 정의에 맞춰 눈에 보이게 드러내라

그렇다면 다음으로 할 일은 저의 인생에 일어나지 않았으면 하는 불행에 무엇이 있는지를 확인해보는 것이 되겠죠. 크게 5가지가 있었습니다.

❶ 나의 죽음 ❷ 가족의 죽음 ❸ 경제적 빈곤 ❹ 가족의 불화 ❺ 사람들의 무관심

그리고 이 항목들을 재정의된 행복의 정의 "원치 않는 일이 생길 가능성을 낮추다"에 맞춰 의미를 찾아보기 시작했습니다. 그

러자 신기하게도 제가 가장 원치 않는 일이 무엇인지 눈에 바로 들어오더군요. 그것은 바로 가족의 죽음이었습니다. 그러니까 저의 행복을 위해 가장 우선적으로 해결해야 할 일이 가족을 죽음으로부터 멀어지게 하는 일이었던 것이죠. 그것이 저에게는 저의 행복을 위해 가장 먼저 이뤄져야 할 최선의 의사결정이었던 것입니다.

결국 저는 팔란티어의 공식을 통해 행복을 구체적으로 정의하고 의미를 드러냄으로써 소중한 사실 하나를 깨달을 수 있었습니다. 그동안 어머니의 건강에 제대로 신경쓰지 못했던 이유, 그것은 나의 인생이 어머니의 건강보다 중요했기 때문이 아니라 내가 나의 행복이 무엇인지 정확히 몰랐기 때문이었다는 걸 말이죠. 행복이 추상적인 개념이었기에 최종 목적지가 명확하게 그려지지 않다 보니, 가장 중요한 문제를 방치한 채 가짜 행복의 방향으로 가고 있었던 것입니다.

진짜 행복에 다가가고 싶다면 최악의 불행이 무엇인지부터 구체적으로 정의되어야 합니다. 그래야 그 최악의 불행으로부터 멀어질 수 있고, 그것이 결과적으로 어떻게 생겼는지 모르는, 어디에 있는지 모르는 진짜 행복으로 가는 방향이 되기 때문입니다. 다시 말해서 최악의 불행이 곧 행복을 판단하는 기준이 되는 것이죠.

건강도 마찬가지입니다. 진짜 건강으로 가기 위해서 최악의 건강부터 정의되어야 합니다. 그리고 다행히도 최악의 건강은 이미 정의가 되어 있습니다. 바로 죽음이죠. 그래서 죽음이 곧 건강을 판단하는 기준이 됩니다.

최악을 알아야 최선으로 갈 수 있습니다.

주

1부

1 김준성, *Teslavs. Non-Tesla, Meritz Future Intelligence DATA WAR vol. 1.* 메리츠증권, 2020.

2 Palantir, *Ontology. : Finding meaning in data*, Palantir Blog, 2022. https://blog.palantir.com/ontology-finding-meaning-in-data-palantir-rfx-blog-series-1-399bd1a5971b

3 Fulcher, Jordan., *Efficacy and safety of LDL-lowering therapy among men and women: meta-analysis of individual data from 174 000 participants in 27 randomised trials*, Lancet, 2015.

4 《2022 만성질환 현황과 이슈》, 질병관리청, 2022.

5 Loscalzo, Joseph., *Harrison's Principles of Internal Medicine 21th edition, Chap. 70 Prevention and Early Detection of Cancer*, McGraw-Hill, 2022.

6 Loscalzo, Joseph., *Harrison's Principles of Internal Medicine 21th edition, Chap. 238 Epidemiology of Cardiovascular Disease*. McGraw-Hill, 2022.

2부

7 Loscalzo, Joseph., *Harrison's Principles of Internal Medicine 21th edition, Chap. 23 Fatigue*, McGraw-Hill, 2022.

8 Loscalzo, Joseph., *Harrison's Principles of Internal Medicine 21th edition, Chap. 306 Cardiovascular Collapse, Cardiac Arrest, and Sudden Cardiac Death*, McGraw-Hill, 2022.

9 Loscalzo, Joseph., *Harrison's Principles of Internal Medicine 21th edition, Chap. 307 Nervous System Disorders in Critical Care*, McGraw-Hill, 2022.

10 Loscalzo, Joseph., *Harrison's Principles of Internal Medicine 21th edition, Chap. 281 Arterial Disease of the Extremities*, McGraw-Hill, 2022.

11 Loscalzo, Joseph., *Harrison's Principles of Internal Medicine 21th edition, Chap. 282 Chronic Venous disease and Lymphedema*, McGraw-Hill, 2022.

12 Loscalzo, Joseph., *Harrison's Principles of Internal Medicine 21th edition, Chap. 427 Ischemic Stroke*, McGraw-Hill, 2022.

13 Loscalzo, Joseph., *Harrison's Principles of Internal Medicine 21th edition, Chap. 117 Arterial and Venous Thrombosis*, McGraw-Hill, 2022.

14 Loscalzo, Joseph., *Harrison's Principles of Internal Medicine 21th edition, Chap. 275 ST-Segment*, McGraw-Hill, 2022.

15 Loscalzo, Joseph., *Harrison's Principles of Internal Medicine 21th edition, Chap. 118 Antiplatelet, Anticoagulant, and Fibrinolytic Drugs*, McGraw-Hill, 2022.

16 Huang, Wen-Yi., *Frequency of Intracranial Hemorrhage With Low-Dose Aspirin in Individuals Without Symptomatic Cardiovascular Disease, A Systematic Review and Meta-analysis*, JAMA Neurol, 2019.

17 John J, McNeil., *Effect of Aspirin on Cardiovascular Events and Bleeding in the Healthy Elderly*, N Engl J Med, 2018.

18 Arnett, Donna., *2019 ACC/AHA Guideline on the Primary Prevention of Cardiovascular Disease*, Circulation, 2019.

19 Greenhalgh, Trisha., *How to Read a Paper : The Basics of Evidence-based Medicine and Healthcare, 6th Edition*, Wiley-Blackwell, 2019.

20 Djulbegovic, Benjamin., *Progress in evidence-based medicine: a quarter century on*, Lancet, 2017.

21 Sibbald, Bonnie., *Understanding controlled trials: Why are randomised controlled trials important?*, BMJ, 1998.

22 Yokohama, Mitsuhiro., *Effects of eicosapentaenoic acid on major coronary events in hypercholesterolaemic patients (JELIS) : a randomised open-label, blinded endpoint analysis*, Lancet, 2007.

23 Bosch, Jackie., *n-3 Fatty Acids and Cardiovascular Outcomes in Patients with Dysglycemia*, N Engl J Med, 2012.

24 Balk, Ethan., *Omega-3 Fatty Acids and Cardiovascular Disease: An Updated Systematic Review*, AHRQ, 2016.

25 Abdelhamid, Asmaa., *Omega-3 fatty acids for the primary and secondary prevention of cardiovascular disease*, Cochrane Database Sys Rev, 2018.

26 Bhatt, Deepak., *Cardiovascular Risk Reduction with Icosapent Ethyl for Hypertriglyceridemia*, N Engl J Med, 2019.

27 Nicholas, Stephen., *Effect of High-Dose Omega-3 Fatty Acids vs Corn Oil on Major Adverse Cardiovascular Events in Patients at High Cardiovascular Risk : The STRENGTH Randomized Clinical Trial*, JAMA, 2020.

28 Gencer, Baris., *Effect of Long-Term Marine Omega-3 Fatty Acids Supplementation on the Risk of Atrial Fibrillation in Randomized Controlled Trials of Cardiovascular Outcomes: A Systematic Review and Meta-Analysis*, Circulation, 2021.

29 Loscalzo, Joseph., *Harrison's Principles of Internal Medicine 21th edition, Part 10 Disorder of the Gastrointestinal System*, McGraw-Hill, 2022.

30 Song, Kyungho., *Clinical Practice Guidelines for Irritable Bowel Syndrome in Korea, 2017 Revised Edition*, J Neurogastroenterol Motil, 2018.

31 Ford, Alexander., *Efficacy of Prebiotics, Probiotics, and Synbiotics in Irritable Bowel Syndrome and Chronic Idiopathic Constipation: Systematic Review and Meta-analysis*, Am J Gastroenterol, 2014.

32 Kim, SY., Health *Technology Assessment Methodology : Systematic Review*, National Evidence- based Healthcare Collaborating Agency, 2020.

33 Ford, Alexander., *Systematic Review with Meta-analysis: Efficacy of Prebiotics, Probiotics, Synbiotics, and Antibiotics in Irritable Bowel Syndrome*. Aliment Pharmacol Ther, 2018.

34 황성동,《알기 쉬운 메타분석의 이해》, 학지사, 2014.

35 Lacy, Brian., *ACG Clinical Guideline: Management of Irritable Bowel Syndrome*, Am J Gastroenterol, 2021.

36 식품의약품안전처 식품기준과, '건강기능식품 기능성 원료 및 기준·규격 인정에 관한 규정', 식품의약품안전처고시 제2021-66호, 2021.

37 성태재,《현대기초통계학 이해와 적용》(8판), 학지사, 2019.

3부

38 대한고혈압학회 진료지침제정위원회,《2022년 고혈압 진료 지침》, 대한고혈압학회, 2022.

39 대한고혈압학회 진료지침제정위원회,《2022년 고혈압 진료 지침》, 대한고혈압학회, 2022.

40 Sasai, Hiroyuki., *Long-term exposure to elevated blood pressure and mortality*

from cardiovascular disease in a Japanese population: the Ibaraki Prefectural Health Study, Hypertension Research, 2010.

41 Albasri, Ali., *Association between antihypertensive treatment and adverse events: systematic review and meta-analysis*, BMJ, 2021.

42 Bruenn, Howard., *Clinical Notes on the Illness and Death of President Franklin D. Roosevelt*, Annals of Internal Medicine, 1970.

43 Brunström, Mattias., *Association of Blood Pressure Lowering With Mortality and Cardiovascular Disease Across Blood Pressure Levels: A Systematic Review and Meta-analysis*, JAMA Intern Med, 2018.

44 Ettehad, Dena., *Blood pressure lowering for prevention of cardiovascular disease and death: a systematic review and meta-analysis*, Lancet, 2016.

45 Ettehad, Dena., *Blood pressure lowering for prevention of cardiovascular disease and death: a systematic review and meta-analysis*, Lancet, 2016.

46 Palmer, Suetonia., *Sodium-glucose cotransporter protein-2 (SGLT-2) inhibitors and glucagon-like peptide-1 (GLP-1) receptor agonists for type 2 diabetes: systematic review and network meta-analysis of randomised controlled trials*, BMJ, 2021.

47 Loscalzo, Joseph., *Harrison's Principles of Internal Medicine 21th edition, Chap. 407 Disorders of Lipoprotein*, McGraw-Hill, 2022.

48 Loscalzo, Joseph., *Harrison's Principles of Internal Medicine 21th edition, Chap. 407 Disorders of Lipoprotein*, McGraw-Hill, 2022.

49 Joseph, Loscalzo., *Harrison's Principles of Internal Medicine 21th edition, Chap. 408 The Metabolic Syndrome*, McGraw-Hill, 2022.

50 Joseph, Loscalzo., *Harrison's Principles of Internal Medicine 21th edition, Chap. 408 The Metabolic Syndrome*, McGraw-Hill, 2022.

51 한국지질-동맥경화학회 진료지침위원회, 《이상지질혈증 진료 지침》(제5판),

한국지질동맥경화학회, 2022.

52 Marx, Nikolaus., *2023 ESC Guidelines for the management of cardiovascular disease in patients with diabetes, European society of cardiology*, European Heart Journal, 2023.

53 Mach, Francois., *2019 ESC/EAS Guidelines for the management of dyslipidaemias: lipid modification to reduce cardiovascular risk, European society of cardiology*, European Heart Journal, 2019.

54 Grundy, Scott., *2018 AHA/ACC/AACVPR/AAPA/ABC/ACPM/ADA/AGS/APhA/ASPC/NLA/PCNA Guideline on the Management of Blood Cholesterol : A Report of the American College of Cardiology/American Heart Association Task Force on Clinical Practice Guidelines*, Circulation, 2018.

55 한국지질-동맥경화학회 진료지침위원회, 《이상지질혈증 진료 지침》(제5판), 한국지질동맥경화학회, 2022.

56 Marx, Nikolaus., *2023 ESC Guidelines for the management of cardiovascular disease in patients with diabetes, European society of cardiology*, European Heart Journal, 2023.

57 한국지질-동맥경화학회 진료지침위원회, 《이상지질혈증 진료 지침》(제5판), 한국지질동맥경화학회, 2022.

58 Fulcher, Jordan., *Efficacy and safety of LDL-lowering therapy among men and women: meta-analysis of individual data from 174 000 participants in 27 randomised trials*, Lancet, 2015.

59 진료지침위원회, 《2021 당뇨병 진료 지침》(제7판), 대한당뇨병학회, 2021.

60 Ismail-Beigi, Faramarz., *Effect of intensive treatment of hyperglycaemia on microvascular outcomes in type 2 diabetes: an analysis of the ACCORD randomised trial*, Lancet, 2010.

61 Zinman Bernard, *Empagliflozin, Cardiovascular Outcomes, and Mortality in*

Type 2 Diabetes, N Engl J Med, 2015.

62 Cosentino, Francesco., *2019 ESC Guidelines on diabetes, prediabetes, and cardiovascular diseases developed in collaboration with the EASD*, European Heart Journal, 2019.

63 Kahn, Steven., *Standards of care in Diabetes 2023*, Diabetes Care, 2023.

64 Marx, Nikolaus., *2023 ESC Guidelines for the management of cardiovascular disease in patients with diabetes, European society of cardiology*, European Heart Journal, 2023.

65 Kahn, Steven., *Standards of care in Diabetes 2023*, Diabetes Care, 2023.

66 Visseren, Frank., *2021 ESC Guidelines on cardiovascular disease prevention in clinical practice*, European Heart Journal, 2021.

67 진료지침위원회,《2021 당뇨병 진료 지침》(제7판), 대한당뇨병학회, 2021.

68 Kahn, Steven., *Standards of care in Diabetes 2023*, Diabetes Care, 2023.

69 Visseren, Frank., *2021 ESC Guidelines on cardiovascular disease prevention in clinical practice*, European Heart Journal, 2021.

70 Barrett, Hilary., *Calcifications in atherosclerotic plaques and impact on plaque biomechanics*, Journal of Biomechanics, 2019.

71 Greenland, Philip., *Coronary calcium score and cardiovascular risk*, J Am Coll Cardiol, 2018.

72 Mach, Francois., *2019 ESC/EAS Guidelines for the management of dyslipidaemias: lipid modification to reduce cardiovascular risk, European society of cardiology*, European Heart Journal, 2019.

73 Wivitt, Stephen., *Dapagliflozin and Cardiovascular Outcomes in Type 2 Diabetes*, N Engl J Med, 2019.

74 Loscalzo, Joseph., *Harrison's Principles of Internal Medicine 21th edition, Chap. 306 Cardiovascular Collapse, Cardiac Arrest, and Sudden Cardiac Death*,

McGraw-Hill, 2022.

75 Knuuti, Juhani., *2019 ESC Guidelines for the diagnosis and management of chronic coronary syndromes : The Task Force for the diagnosis and management of chronic coronary syndromes of the European Society of Cardiology*, European Heart Journal, 2019.

76 Virani, Salim., *2023 AHA/ACC/ACCP/ASPC/NLA/PCNA Guideline for the Management of Patients With Chronic Coronary Disease : A Report of the American Heart Association/American College of Cardiology Joint Committee on Clinical Practice Guideline*, Circulation, 2023.

77 Byrne, Robert., *2023 ESC Guidelines for the management of acute coronary syndromes : Developed by the task force on the management of acute coronary syndromes of the European Society of Cardiology*, European Heart Journal, 2023.

78 Pelliccia, Antonio., *2020 ESC Guidelines on sports cardiology and exercise in patients with cardiovascular disease*, European Heart Journal, 2021.

79 Ropper, Allan., *Adams and Victor's Principles of Neurology 11th edition, Chap 33. Stroke and Cerebrovascular Disease*, McGraw-Hill, 2019.

80 Loscalzo, Joseph., *Harrison's Principles of Internal Medicine 21th edition, Chap. 426 Introduction to Cerebrovascular Diseases*, McGraw-Hill, 2022.

81 Loscalzo, Joseph., *Harrison's Principles of Internal Medicine 21th edition, Chap. 238 Epidemiology of Cardiovascular Disease*. McGraw-Hill, 2022.

82 Loscalzo, Joseph., *Harrison's Principles of Internal Medicine 21th edition, Chap. 251 Atrial Fibrillation*, McGraw-Hill, 2022.

83 Hindricks, Gerhard., *2020 ESC Guidelines for the diagnosis and management of atrial fibrillation developed in collaboration with the European Association for Cardio-Thoracic Surgery (EACTS) : The Task Force for the diagnosis and management of atrial fibrillation of the European Society of Cardiology Developed*

with the special contribution of the European Heart Rhythm Association of the ESC, European Heart Journal, 2021.

84 Kirchhof, Paulus K., *Early Rhythm-Control Therapy in Patients with Atrial Fibrillation*, N Engl J Med, 2020.

85 Loscalzo, Joseph., *Harrison's Principles of Internal Medicine 21th edition, Chap. 251 Atrial Fibrillation*, McGraw-Hill, 2022.

86 Hindricks, Gerhard., *2020 ESC Guidelines for the diagnosis and management of atrial fibrillation developed in collaboration with the European Association for Cardio-Thoracic Surgery (EACTS) : The Task Force for the diagnosis and management of atrial fibrillation of the European Society of Cardiology Developed with the special contribution of the European Heart Rhythm Association of the ESC*, European Heart Journal, 2021.

87 Hindricks, Gerhard., *2020 ESC Guidelines for the diagnosis and management of atrial fibrillation developed in collaboration with the European Association for Cardio-Thoracic Surgery (EACTS) : The Task Force for the diagnosis and management of atrial fibrillation of the European Society of Cardiology Developed with the special contribution of the European Heart Rhythm Association of the ESC*, European Heart Journal, 2021.

88 Ropper, Allan., *Adams and Victor's PRINCIPLES OF NEUROLOGY 11th edition, Chap. 20 Dementia, the Amnesic Syndrome, and the Neurology of Intelligence and Memory*, McGraw-Hill, 2019.

89 Hindricks, Gerhard., *2020 ESC Guidelines for the diagnosis and management of atrial fibrillation developed in collaboration with the European Association for Cardio-Thoracic Surgery (EACTS) : The Task Force for the diagnosis and management of atrial fibrillation of the European Society of Cardiology Developed with the special contribution of the European Heart Rhythm Association of the*

ESC, European Heart Journal, 2021.

90 *Older Adult Activity : An Overview*, Centers for Disease Control and Prevention(CDC), 2023. https://www.cdc.gov/physical-activity-basics/guidelines/older-adults.html

91 Rommersbach, Nikola., *The impact of disease-relatedimmobilization on thigh muscle mass andstrength in older hospitalized patients*, BMC Geriatrics, 2020.

92 김대현, 《노인 운동 처방 가이드라인》, 대한임상노인의학회 춘계학술대회, 2008.

93 Ensrud, Kristine., *Objective Measures of Activity Level and Mortality in Older Men*, J Am Geriatr Soc, 2024.

4부

94 Mancia, Giuseppe., *2013 ESH/ESC Guidelines for the management of arterial hypertension : the Task Force for the Management of Arterial Hypertension of the European Society of Hypertenion and of the European Society of Cardiology*, European Heart Journal, 2013.

95 Wright, Jackson., *A Randomized Trial of Intensive versus Standard Blood-Pressure Control*, N Engl J Med, 2015.

96 Whelton, Paul., *2017 ACC/AHA/AAPA/ABC/ACPM/AGS/APhA/ASH/ASPC/NMA/PCNA Guideline for the Prevention, Detection, Evaluation, and Management of High Blood Pressure in Adults : A Report of the American College of Cardiology/American Heart Association Task Force on Clinical Practice Guidelines*, Hypertension, 2017.

97 Williams, Bryan., *2018 ESC/ESH Guidelines for the management of arterial hypertension : The Task Force for the Management of Arterial Hypertension of*

the European Society of Hypertenion and of the European Society of Cardiology and the European Society of Hypertension, European Heart Journal, 2018.

98 진료지침제정위원회,《2018년 고혈압 진료 지침》, 대한고혈압학회, 2018.

99 대한민국의 도시 간 거리, https://www.korea2me.com/pwp/1600937-4170989

100 대한고혈압학회 진료지침제정위원회,《2022년 고혈압 진료 지침》, 대한고혈압학회, 2022.

101 Zhao, Di., *Prevention of atrial fibrillation with renin-angiotensin system inhibitors on essential hypertensive patients: a meta-analysis of randomized controlled trials*, J Biomed Res, 2015.

102 Arnett, Donna., *2019 ACC/AHA Guideline on the Primary Prevention of Cardiovascular Disease*, Circulation, 2019.

103 Foley, Kieran., *Management and follow-up of gallbladder polyps: updated joint guidelines between the ESGAR, EAES, EFISDS and ESGE*, European Radiology, 2022.

104 Camacho, Pauline., *American Association of Clinical Endocrinologists/American College of Endocrinology Clinical Practice Guidelines for the Diagnosis and Treatment of Postmenopausal Osteoporosis-2020 Update*, Endocr Pract, 2020.

DEEP INSIGHT SERIES 1

가짜 건강의 유혹

초판 1쇄 발행 2024년 12월 26일
초판 2쇄 발행 2025년 1월 7일

지은이 빅데이터닥터

펴낸곳 (주)행성비
펴낸이 임태주

책임편집 이윤희
디자인 이유나
마케팅 배새나

출판등록번호 제2010-000208호
주소 경기도 김포시 김포한강10로 133번길 107, 710호
대표전화 031-8071-5913
팩스 0505-115-5917
이메일 hangseongb@naver.com
홈페이지 www.planetb.co.kr

ISBN 979-11-6471-277-9 03300

행성B는 독자 여러분의 참신한 기획 아이디어와 독창적인 원고를 기다리고 있습니다.
hangseongb@naver.com으로 보내 주시면 소중하게 검토하겠습니다.